书山有路勤为径,优质资源伴你行
注册世纪波学院会员,享精品图书增值服务

UNDERSTANDING ACTION LEARNING

行动学习项目设计

行动学习项目设计与实施的四大模式

[美] 朱迪·奥尼尔（Judy O'Neil）
维多利亚·马席克（Victoria J. Marsick） 著
唐长军 霍炜 李雨浓 唐宇鹰 苏靖然 译

电子工业出版社
Publishing House of Electronics Industry
北京·BEIJING

UNDERSTANDING ACTION LEARNING (AMA INNOVATIONS IN ADULT LEARNING) by JUDY O'NEIL, ED.D. AND VICTORIA J. MARSICK, PH.D.
ISBN: 9780814473955
Copyright © 2007 BY JUDY O'NEIL AND VICTORIA J. MARSICK
This edition arranged with JUDY O'NEIL, ED.D. AND VICTORIA J. MARSICK, PH.D. through BIG APPLE AGENCY, LABUAN, MALAYSIA.
Simplified Chinese translation edition copyrights © 2024 by Publishing House of Electronics Industry Co., Ltd.
All rights reserved.

本书中文简体字版经由JUDY O'NEIL, ED.D. AND VICTORIA J. MARSICK, PH.D授权电子工业出版社独家出版发行。未经书面许可，不得以任何方式抄袭、复制或节录本书中的任何内容。

版权贸易合同登记号　图字：01-2023-5763

图书在版编目（CIP）数据

行动学习项目设计 ：行动学习项目设计与实施的四大模式 / （美）朱迪·奥尼尔（Judy O'Neil），（美）维多利亚·马席克（Victoria J. Marsick）著 ；唐长军等译. -- 北京 ：电子工业出版社, 2025. 1. -- ISBN 978-7-121-49012-5

Ⅰ. F272.921

中国国家版本馆CIP数据核字第20247BT814号

责任编辑：杨洪军
印　　刷：河北虎彩印刷有限公司
装　　订：河北虎彩印刷有限公司
出版发行：电子工业出版社
　　　　　北京市海淀区万寿路173信箱　邮编100036
开　　本：720×1000　1/16　印张：13.75　字数：220千字
版　　次：2025年1月第1版
印　　次：2025年8月第2次印刷
定　　价：65.00元

凡所购买电子工业出版社图书有缺损问题，请向购买书店调换。若书店售缺，请与本社发行部联系，联系及邮购电话：（010）88254888，88258888。
质量投诉请发邮件至zlts@phei.com.cn，盗版侵权举报请发邮件至dbqq@phei.com.cn。
本书咨询联系方式：（010）88254199，sjb@phei.com.cn。

谨以此书献给曾参与行动学习的同事、合作伙伴和客户，正是他们在行动学习方面的实践和努力，使得该书成为一段令人愉悦和持续创新的学习之旅！

——朱迪和维多利亚

推荐序一
行动学习，于细微处见精神

自20世纪40年代瑞文斯开创行动学习这一方法以来，关于行动学习的研究、推广和实践就从未停歇。随着研究的不断深入和大量实践的验证，越来越多的个人和团队坚信，行动学习是一种高效的成长方法和工具。近年来，行动学习作为一种组织和人才发展的方法越来越受到欢迎。正如本书的两位作者所描述的那样："行动学习'将解决一个实际项目或问题作为学习的方式'，它围绕组织和个人所面临的有意义的挑战，通过营造学习环境，帮助人们在工作中成长。"

作为亲历者，笔者有幸参与并见证了行动学习在中国蓬勃发展的近十多年历程。本书的第一位译者唐长军先生既是一位专业的资深培训导师，也是行动学习的忠实拥趸，他和他的团队在过去20年中一直不遗余力地推动行动学习在中国企业和组织内落地生根、开花结果。曾经，我们激情澎湃，携手志同道合者鼓与呼，使行动学习一时风起云涌，激荡于培训行业，播撒于九州大地。今天，活跃于中国行动学习战线上的许多专业人士，以及受惠于行动学习方法论的组织、团体和个人，都曾沐浴过那些年我们一起掀起的行动学习春潮。

《行动学习项目设计》的前身是《破解行动学习》一书，该书在唐长军团队的大力支持下得以出版。这本指南性的手册一经上市便迅速售罄，但由于各种原因，之后没有再版印刷。此次，在原作者的授权和支持下，译者团队在保留原书精华的基础上，不仅对全书进行了重新翻译，还与国内外行动学习领域的众多专家一道，提炼出适合中国环境的行动学习实践要素，旨在打造一部既具有理论深度又注重实践应用的经典之作，其匠心独运可见一斑。

重新修订后的《行动学习项目设计》为读者展现了行动学习的全貌，帮助读者能够更快地掌握并体验全球范围内普遍适用的优秀实践方法。书中关于行动学习四种流派的介绍和比较，是原书的精华所在，可以帮助读者更好地理解行动学习项目设计的全过程，并根据不同场景灵活选择行动学习催化师和催化工具的组合。这就像一场确定了目的地的旅行，你可以选择步行，可以选择乘车，也可以选择其他出行方式，没有任何一种方式是完美无缺的。根据环境的变化，适时更换交通工具或许才是最明智的选择。

重新修订并不是一次简单的删除与添加，而是一次彻底的再创作。经过这次再创作的新著述，其实操性得到了增强。本书详细介绍了行动学习项目设计的17个步骤，覆盖了从项目准备、设计、实施到评估的整个流程，同时，通过大量实例展示了行动学习的操作流程。此外，本书还介绍了各种工具、表格以及行动学习催化师在各个环节中的作用等。所有这些内容，为学习者和实践者提供了丰富的参考。

总之，相信这本新书的出版将为中国的行动学习研究和深入实践再添辉煌，为行动学习在中国企业和组织的实践提供更具体的指导。期待各类读者能从本书中获得益处。

常亚红

《培训》杂志副主编

推荐序二
行动学习：从团队共创到团队学习

我第一次接触行动学习是在2009年。那时，我听到华润分享他们的行动学习实践时感到非常兴奋，这完全为我打开了对培训认知的另一扇窗。

我对行动学习的最初认识有两点：第一，它以学员为中心，通过学员的研讨共创，集思广益，共同学习，而我先前接触的培训主要以讲师为中心，通常是知识的灌输，缺乏互动体验；第二，它解决的是工作中的真实问题，不再是讨论与工作不太相关的案例，也不再是由讲师提供解决问题的答案。

我对行动学习的真正深入了解始于2010年，当时我开始与百年基业合作推广行动学习，有机会接触到许多行动学习专家。这里要特别感谢百年基业在推广行动学习方面做出的杰出贡献，他们不仅将国际先进的行动学习理念引入中国，还结合中国企业的实际情况进行了本土化创新。其创始合伙人唐长军带领团队翻译并出版了一系列行动学习专著，并且在上百个行动学习项目中提炼出了适合中国企业的行动学习实践要素。

正是由于像百年基业这样的一批专业机构的推动，从2010年开始，"行动学习涌动中国"，企业培训市场上掀起了一股行动学习热潮。企业都想在培训中引入行动学习，培训机构只要在原有服务中加入行动学习的概念就容易受到欢迎。

热潮背后必然隐藏着风险！在随后的几年里，我经常听到某某企业的行动学习无法落地，很多项目以失败告终。课堂上热热闹闹，课后却冷冷清清，这也促使我对行动学习进行了重新思考。行动学习不是万能药，并不能完全打破培训的困境。

在2015年研究学习项目设计时，我分析了行动学习在何种场景下使用会更有效。如果简单地将学员分为有经验和无经验两类，将知识分为良构和劣构两类，那么行动学习最适合有经验的学员学习劣构知识技能，并非适用于所有学习场景。

在随后的几年中，由于组织企业学习设计大赛，我有机会看到大量行动学习实践的案例，也曾专门组织过行动学习项目大赛。令人欣喜的是，时至今日几乎所有企业在开展学习项目设计与运营时，都会采用行动学习。同时，我也发现今天的行动学习在企业应用场景中呈现出"泛化"的趋势特点：

首先，行动学习和引导技术的融合。市场上的行动学习、引导技术、促动技术、催化师、促动师、引导师等概念，常让初学者感到困惑。过去可能因为市场利益的关系，人们经常将这些概念对立起来，实际上它们只是中英文翻译的不同。在企业实践中，行动学习的工作坊必然会运用引导技术。

其次，行动学习和学习项目的融合。学习是一个过程，而非单一事件。行动学习也是如此，本质上它是一个通过团队学习解决工作中实际问题的持续过程。这与学习项目相同，不是单一的课程或活动，而是学以致用的过程。

最后，学习教练与催化师的融合。在行动学习项目中，"facilitator"是一个关键角色，主要通过提问、挑战假设、引导反思等方式帮助参与者深入探讨问题。但在翻译成中文时出现了不同的词语，百年基业将"facilitator"译为"催化师"，主要是为了便于理解和交流，其本质仍是行动学习的团队学习教练，目的是促进参与者的学习和反思。

行动学习"泛化"的特点实际上是企业务实应用的体现。无论采用何种技术或流派，实用性是最重要的。但在"实用主义"背后，我们也需要思考这种实用性是否能达到最理想的效果。特别是在当前企业经营面临压力的情况下，通过行动学习产生的学习成果是否真的能够解决企业长期发展的问题呢？

作为一种技术工具，行动学习确实能够带来良好的学习效果。但从组织和人才发展的角度来看，更需要的是心智模式的转变。令人欣慰的是，最近唐长军老师向我推荐了百年基业团队重新翻译的《行动学习项目设计》一书。与十几年前阅读这本书的视角相比，现在已经发生了变化。

过去，我更多地从技术工具的使用角度来阅读这本书，而现在更多的是对实践的反思和启发。

首先，书中详细解释了行动学习四大流派的发展和应用，让我们看到了行动学习在西方的发展历程，同时可以与中国企业的应用实践相对照，特别是从组织层面分析哪个流派更适合，也强调了不应局限于某一流派，而应融会贯通。

其次，书中全面介绍了行动学习项目设计的全流程，这部分内容让我感触颇深。近十年来，我一直在推动企业学习项目设计，本书介绍的行动学习项目不再是学习项目中的一个子模块，也不再是仅由学习部门自行设计，而是需要项目发起人、人力资源与组织部门和学习部门共同协同设计。

最后，书中提供的模板、工具和案例具有很高的参考价值。如果没有实践经历，可能对这些工具和案例还没有深刻的感受。当我们参与或设计了大量行动学习项目后再回头看，可以思考这些背后的逻辑。这将帮助我们在未来的行动学习项目中制定新的策略。

未来，随着人工智能时代的到来，学习方式也将发生更多变化。但可以肯定的是，行动学习不会被取代，甚至在关注"人"的心智模式转变方面将发挥更大的价值。

过去，行动学习使中国企业真正实现了从培训到学习的转变。未来，行动学习将在助力企业培训从改善绩效到改变心智的转变中发挥更大作用。

熊俊彬

中国人才发展平台（CSTD）创办人

译者序

行动学习：从改善绩效到改善心智

在20年前，如果询问中国的培训管理者是否了解"行动学习"，知晓的人数可能不超过5%。那时，中国的培训行业还处于起步阶段，人们普遍将培训定义为"寻找名师、聆听讲座"。然而，时至今日，行动学习在中国培训界已经获得了广泛的认可。越来越多的企业开始选择行动学习作为培养人才、推动业务发展、实施组织变革、实现战略落地等关键环节的重要手段。目前，中国的行动学习正处于系统整合阶段，并正朝着创新发展期迈进，这标志着一个自主创新的时期。

我们需要思考一个问题：行动学习为何能在如此短的时间内迅速发展？是时代的进步、企业的成长，还是行动学习本身的力量？尽管学术界对此仍有争议，但企业界对行动学习的发展已经如火如荼。市场不问出处，只关注价值与效果。

由《培训》杂志发起、中国企业人才发展智库统筹实施的《2023中国企业培训行业报告》显示，行动学习在企业培训教学方法与技术中的占比排名从2021年的第四位上升至第二位。然而，许多人对行动学习的理解和实践存在不少误区，我们也经常遇到这样的问题："行动学习是如何发展领导力的？能力的改变和心智模式的转变是如何发生的？行动学习和引导技术有何不同？行动学习项目的设计又是怎样的？"这些问题的回答多种多样。

作为中国行动学习的引领者和推动者，百年基业自2005年起就开始实践和研究行动学习在中国的落地之道，旨在帮助中国企业解决在引进和推动行动学习项目过程中遇到的疑惑。

我们发现，在实施行动学习的过程中，中国企业普遍存在以下误区：

误区一，过分重视绩效改善而忽视心智与能力发展。行动学习一贯强调，在改变结果的同时，也应改变人的心智模式，因为只有心智模式的转变才能带来持久的行为上的改变。遗憾的是，我们发现许多组织在实际行动学习中的做法仅停留在共识策略和行动上，未能触及人们的能力发展，更未触及心智模式的改善。反思往往缺失，或者只是形式上的走过场。这种行动学习，我们只能称之为单环学习。

误区二，过分关注个人而忽视团队和组织。一些企业在设计行动学习项目时，忽略了团队学习过程的规划，导致项目实施时虽有群策群力，却未能充分发挥团队共同学习、反馈和反思的作用。

误区三，过分强调汇报而轻视实际应用。有些企业将交付解决方案视为行动学习项目的最终目标，却忽略了应用环节的跟踪监测和持续改进，使得项目在执行的最后阶段失去了关键价值。

当我们阅读这本书时，视野顿时开阔。我们认为，本书汇集了行动学习理论和实践的精髓，基于以下特点向大家推荐：

1. 对行动学习本质的深入剖析。本书深入揭示了行动学习的核心，帮助大家更清晰地理解行动学习与其他培训方法的不同之处。同时，本书通过金字塔模型阐释了行动学习的四大流派，指导读者掌握各流派的特点，并根据需求和预期选择最合适的行动学习方案。

2. 实操性强的项目设计与实施步骤。本书详细介绍了行动学习项目设计的17个步骤，涵盖了从项目准备、设计、实施到评估的全过程。书中不仅通过大量实例展示了行动学习的操作流程，还介绍了如何运用各种工具、表格以及行动学习教练在各个环节中的作用。

3. 实践案例丰富且具有针对性。本书提供了丰富的行动学习项目实践案例，既展示了各流派的整体特点，又从细节上展示了各流派在不同环节的操作方式。这些有代表性的案例和引语使读者能够更深入地理解行动学习的实际操作和成果。

4. **提供了丰富实用的行动学习工具和表单。** 本书提供了10张模型图、57个工具表单以及多个实践建议，帮助广大读者在实施和推广行动学习过程中提高项目的成功率、优化实践过程并提升成果。这些工具和建议源于真实的项目实践，具有极高的参考价值，使读者在实际操作中能够得心应手。

5. **高度适用于企业管理者和行动学习实践者。** 本书旨在帮助企业管理者和培训师掌握行动学习的核心理念、方法和技巧，为企业的长远发展提供变革机制、增强团队协作能力、突破组织发展瓶颈、培养人才的新途径。

6. **来源严谨的实践经验和案例。** 书中的多个案例基于作者的实际操作经验，同时梳理了世界各地行动学习专家和顾问的实际案例。这些案例从多角度展示了行动学习在企业中的实操成果，具有显著的落地效果。

7. **引导读者思考行动学习的更多可能性和变革力量。** 作者运用马斯洛需求层次理论，探讨了行动学习如何推动企业追求商业目标和价值驱动目标，并提出了行动学习能够塑造组织氛围、整合资源、催生创新的新视角。行动学习被视为企业发展的引领力量。

基于上述特点，这本书对于初次接触行动学习的学习者，将成为照亮前行之路的明灯；对于行动学习领域的专家，将成为一位珍贵的知音，带领他们发现更多可能性，提供更多解决问题的思路和方法。

为了更好地向读者展现原著的精髓，译者团队由来自中国的专业咨询机构和企业中的行动学习研究者、实践者组成，同时也包括了来自美国哥伦比亚大学的行动学习专家。译者们利用自己在行动学习领域的专业优势，结合各自的经验和不同视角来审视和理解原著内容，力求以最佳的传达方式，让原著内容触及广大读者。

在研讨过程中，我们意识到仅仅依赖引进国外的理论和方法是不够的，必须结合中国企业的实际情况进行本土化创新。因此，在原作者的授权和支持下，我们与国内外行动学习领域的专家及资深学者共同提炼出适合中国环境的行动学习实践要素，旨在打造一部既深具理论深度又注重实践应用的经典之作。为了使读者更方便地阅读和理解书中内容，我们对原著中的部分叙述和案例进行了适度调整和删减，并根据中国行动学习应用的现状，将行动学习教练统一称为行动学习催化师。在此，我们对原著作者及机构表示诚挚的敬意，并感谢广大读者对我们翻译工作的期待与支持。鉴于译者水平有限，若有错误或不足之处，恳请广大读者不吝指正。

经过数次修订，最终呈现在读者面前的《行动学习项目设计》已不仅仅是理论的传递，而是我们对行动学习理论的深化以及在实践中的持续改进和创新。

如果有任何建议，欢迎与译者本人联系。邮箱：tangchangjun@ISFAL.com。

结语：

行动学习的研究与应用在国内各领域已经日益广泛和深入，对战略落地、组织发展、创新变革、团队建设和领导力培养等方面带来了重要的变革。作为译者，我们希望本书能为行动学习在中文领域的传播与发展贡献力量。同时，我们也期望借助行动学习的智慧之光，引导每一位读者在未来的探索、完善和创新之路上不断前行。

2024年10月

唐长军　霍炜　李雨浓

注：本书中提到的四个行动学习流派之一的"Tacit"流派，其中文直译为"默认的隐性的"流派。经过深思熟虑，我们决定将其译为"绩效"流派。这是因为作者认为这一流派的特点是专注于行动学习项目的绩效成果，而没有专门设计学习反思环节，它默认团队成员在参与过程中的学习会自然而然地发生。

中文版序
——致中国的读者

你好！我是维多利亚·马席克，非常高兴向你推荐我所著的《行动学习项目设计》一书。自20世纪40年代雷格·瑞文斯（Reg Revans）开创行动学习以来，关于行动学习的书籍和文章层出不穷。而这本书在总览以往丰富的行动学习资料的基础上，力图将整个领域条理分明地展示给读者，从而让行动学习初学者和专业人士都得以深入学习。

国际上有很多企业和组织采用行动学习方法，以应对不断变化的全球市场。尤其是在当前环境中，通过具体的项目和实践，学习者可以提高工作技能、提升创新能力并为团队做出更有价值的贡献。本书将为你呈现行动学习的全景，帮助你更快地掌握并体验全球范围内普遍适用的优秀实践方法。

行动学习四大流派概念是本书的重点内容：绩效流派、科学流派、经验流派和批判反思流派。在书中，我们详细讲解了这四个流派，以帮助你了解它们的起源、特点以及如何将它们运用到实际工作中。

绩效流派注重通过实践项目提升个人和组织的绩效。这一流派结合实际问题和实际操作，致力于针对特定问题寻找解决方案。它强调在解决问题的过程中，必须设定明确的目标，并挖掘潜在的价值。这一流派适用于应对行业竞争、提高客户满意度等多种场景。

科学流派则注重理性思考、数据和证据，强调通过观察、实验和实证数据解决问题。它遵循严谨的科学方法，从而保证解决方案的有效性和可靠性。科学流派使学习者在解决问题的过程中，培养科学的思维方式，形成判断和决策的基础。

经验流派侧重于个体的经验和情感，倡导通过实际体验、反思和学习解决问题。该流派认为，通过直接参与实际工作，学习者不仅能够积累知识和技能，而且能够提升自身的情感智慧。

批判反思流派则强调通过对潜在的权力关系、价值观、信念和假设进行挑战和质疑以引发深刻的反思。批判反思流派通过揭示隐藏在现象背后的根本原因和结构，促使我们在全新的视角下审视现实，从而更积极地推动变革。

当然，任何一个流派都不足以解决所有问题。每个流派各有所长，根据不同情境发挥不同作用。因此，在实际应用的过程中，我们应该结合四大流派的优点，追求综合与平衡。在这本书中，我们提供了许多实际案例，帮助你理解如何在实际工作中灵活运用四大流派，实现有效学习。

此外，本书涵盖了行动学习对话、行动学习流派的理论发展等内容。本书还详细介绍了不同情境下的行动学习实践方法，如同伴教练和指导等。

我们建议你首先阅读第2章。通过本章的阅读，你将逐步建立行动学习实践的全面框架。在这一章中，我们列举了实际项目的案例，以帮助你更清晰地理解项目设计的关键步骤。接下来，第3章将为你提供关于如何运用这些关键步骤的实际方案。你可以根据行动学习项目的具体需求选择最符合的实施策略。

随着行动学习理论和实践的不断发展，我们也在尝试结合行动学习的最新成果，使这本书能够跟上时代的发展。例如，在本书中，我们探讨了与虚拟行动学习相关的案例。在实践中我们采用了文本、语音、视频和3D虚拟世界等多种方式，为行动学习提供了便捷、灵活和高效的实现途径。

同时，我们对教育和培训领域中的社群概念进行了深入研究。我们提出了"协作型自主行动学习"，通过建立实践社群（即共同学习、探讨和解决问题的团体），使行动学习小组能够更自发地形成和运作。此外，"批判性行动学习"旨在关注情感和权力在行动学习中的作用，从而使学习者更好地面对并处理团队和组织中的紧张关系和不平等现象。

在行动学习的实践过程中，我们强调学习者要扮演主动的角色，而行动学习催化师和项目导师应当起到辅助和引导的作用。这可能与一些传统的教育和培训方式截然不同，但我们相信，行动学习能够激发学习者的内在动力，培养他们的创新能力和合作精神。

我们期望本书能为读者在行动学习领域的学习和实践提供有益的指导。考虑到中国读者可能面临的语言和文化差异，我们特意将相关内容进行了简明扼要的阐释，以便读者能够轻松地掌握行动学习的核心理念与技巧。

相信你在阅读本书、践行行动学习的过程中，一定能为自己、团队和组织创造出更多价值。

祝你学有所成，收获满满！

朱迪·奥尼尔
维多利亚·马席克

前言

学习能力被视为个人、团队和组织竞争优势的重要来源。为了帮助个人和组织进行高效学习，无论是理论研究的学者还是实战的专家，都越来越需要找到一些有效的措施和手段。据估计，约有80%的学习是在非正式场合发生的。然而，除了课堂之外的即时学习（just-in-time learning），我们还了解许多其他有效的培训和教育方式。本书向读者提供了一种建立在非正式学习基础之上的、先进且普遍适用的方法——行动学习。

近年来，行动学习作为一种组织和人才发展的方法越来越流行。行动学习"将解决一个实际项目或问题作为学习的方式"，它围绕组织和个人所面临的有意义的挑战，通过营造学习环境，帮助人们在工作中成长。尽管行动学习在领导力发展方面日益普及，但对许多人来说仍然相对陌生。本书旨在帮助读者了解行动学习的精髓，决定是否以及如何在自己的组织中使用它，以及了解从其有效实施中能获得哪些收益。

行动学习由自上而下的管理机制驱动，以实现战略目标和目的，但其实现方式多样。行动学习必须适应每个组织的业务需求、组织文化和背景，因此作者不认为存在一个固定模式的行动学习是最佳的或唯一的。朱迪·奥尼尔博士和维多利亚·马席克博士为读者提供了理解行动学习项目设计精髓的途径，并提供了如何选择行动学习项目不同实施方式的实用工具。他们分享了大量来自应用过行动学习的组织机构的资源和案例，并提供了一个"项目设计路径图"（协同设计的17个步骤），通过这个路径图，实践者可以对如何在自己组织中设计和实施行动学习项目做出高效决策。

目录

引言　做出决策：行动学习适合你的组织吗　/ 001

　　什么是行动学习　/ 002

　　本书的目标是什么　/ 003

　　行动学习的收益是什么　/ 005

　　本书的目标读者是谁　/ 007

　　如何使用本书　/ 007

　　各章内容是什么　/ 007

　　本书的特点是什么　/ 009

　　如何使用理论附录　/ 009

　　我们对你有何期望　/ 010

第1章　做出决策：行动学习适合你的组织吗　/ 011

　　什么是行动学习　/ 012

　　行动学习形成的历程是什么　/ 013

　　如何定义行动学习　/ 016

　　四个流派的行动学习项目是如何开展的　/ 020

　　如何决定是否使用行动学习　/ 028

第2章　确保结果：行动学习项目的协同设计　/ 034

　　什么是协同设计　/ 036

项目协同设计和实施包括哪些步骤 / 039

第3章 成功落地：行动学习项目的实施策略 / 075

为了让项目取得成功，发起人需要做些什么 / 083

参与者如何做好前期准备 / 086

催化师在行动学习项目中所起的作用是什么 / 087

团队项目的行动学习小组需要做些什么 / 089

团队还要做什么来促进提问、质疑与反思 / 094

如何区分团队项目与个人项目的项目工作 / 101

参与者如何使用学习日志 / 106

行动学习项目成功/失败的其他因素有哪些 / 107

第4章 促进学习：行动学习催化师的工作 / 111

四个流派如何看待催化师这个角色 / 113

不同流派中，行动学习催化师与团队互动的方式有何不同 / 115

行动学习催化师在团队中做些什么 / 118

如何与其他行动学习催化师协同工作 / 130

如何选择和培养行动学习催化师 / 134

第5章 量化成果：行动学习评估 / 136

如何评估行动学习项目 / 139

如何知道学习是否得到了转化 / 141

如何衡量对组织的影响 / 153

如何衡量投资回报率 / 155

第6章 一起合作：设计你们组织的行动学习 / 157

哪个流派适合你 / 158

设计特定流派的项目时，应该首先考虑什么 / 164

还需要考虑什么 / 168

组织还要考虑什么问题 / 172

理论附录 / 176

行动学习的流派 / 178

行动学习基础——成人学习理论 / 185

引言

做出决策：
行动学习适合你的组织吗

珍惜生活，就像死神即将来临；热爱学习，就像生命能够永恒。

——甘地

知识是对昨天的总结，而真正的学习发生于对今天和明天的质疑之中。

——国际行动学习联盟（美国）

什么是行动学习

行动学习（Action Learning）作为一种组织和人才发展的方法，已经被越来越多的组织采纳。在世界各地，人们普遍认同从经验中学习、以行动为基础的学习方式，重视从实践活动中获得的知识和经验。那么，行动学习是如何从这种已被广泛认可的学习方式中突显出来的呢？本书的第1章将向你介绍这一过程。

行动学习有多种定义方式，但其核心是一致的：

> 行动学习是一种促进组织与人才发展的协作方法，它将研究或解决实际问题的过程作为学习的手段。参与者以团队形式采取行动解决问题，并学习如何从这些行动中获取知识。通常情况下，一位行动学习催化师会与团队合作，协助团队成员学会如何在行动与学习之间找到平衡。

这种学习方式与传统的正规学校教育截然不同。在传统的正规学校教育中，大量的已积累多年的知识由专家和其他社会文化的维护者进行传递。这并不是说行动学习不重视正规学校教育，但行动学习确实改变了人们接触和使用这些知识的方式。

行动学习始于个人积累的知识和经验。因此，在一些项目中，参与者会得到一本名为《领导力》的书，这本书包含一些空白的日记页，供参与者记录从实际工作经验中提炼出的领导力理念。在整个协作过程中，参与者测试、完善和验证他们对所面临挑战和问题的新思路。尽管参与者会利用专业知识，但他们首先需要探索自己的经验和观点。同伴间的质疑为这种探索提供了动力，质疑有助于人们摆脱那些一直持有但未意识到的观念和假设。通过同伴提问、深度倾听以及对观点背后假设的质疑和思考，避免陷入对解决方案的争论，参与者可以拓宽思路，对看似理所当然的行动产生新的见解。

在许多培训课程（包括那些以应用为导向的活动）中，行动常常是为了将所学内容付诸实践。有时，行动确实是学习的核心，如为了攀岩、爬山或划皮划艇而学习使用绳索的课程。但这些并不属于本书所讨论的行动学习范畴。行动学习的基础是实际工作，而非其他任何形式的活动。行动学习的参与者是整个过程的核心，他们不能在面对具有压力性的挑战时轻易退出，因为这些挑战正是行动学习的核心所在。行动学习的决策必须产生实际结果，参与者不能勉强接受一个不具可行性的解决方案，因为一旦"铃声"敲响，他们就不能从问题面前撤退。

正如本书所描述的，行动学习建立了一个通过协同工作解决实际问题的学习环境。同时，我们也鼓励读者思考：当工作挑战出现时，如何将项目中使用的工具和策略应用到即时性的项目学习方案中，以及如何将这些工具和策略引入非行动学习项目的课堂培训活动中。

本书的目标是什么

本书设定了三个关键目标：

1. 行动学习何时是满足需求的正确选择？如果已经确定采用行动学习这种方式，那么在给定的目标、组织特性、行业文化以及参与者需求的条件下，如何确定最佳的行动学习项目设计方案以满足这些需求？本书将协助读者找到这些问题的答案。

2. 分享从实践中提炼出的模板、工具和案例，帮助读者更深入地理解行动学习是什么以及如何执行行动学习项目。

3. 提供基于理论和研究的观点，通过这些观点，读者能够做出那些通常需要通过系统学术研究才能做出的最优决策和选择。

第一个目标是帮助读者确认，行动学习是不是他们寻觅已久的能够解决需求的最好策略。相关内容包括：设计的不同类型、在选择这些设计时应考虑的因素、满足目标和需求的"最佳匹配"设计是什么等。我们的第一个假设是，行动学习项目必须具有适应性，即它们需要适应项目的独特背景和特定参与者。我们的第二个假设是，来自其他组织的经验教训以及理论和研究成果可以作为我们设计、实施和评估行动学习的参考。

为实现这一目标，我们提出了包含四个行动学习设计流派的"行动学习金字塔"概念模型，这四个流派分别是绩效流派（Tacit）、科学流派（Scientific）、经验流派（Experiential）和批判性反思流派（Critically Reflective）。该模型将在第1章中进行介绍。项目有时看起来像这四个流派中的某一个，但也可能会根据具体情况整合这四个流派的某些方面。我们以金字塔形式展示这个模型，底部是核心要素，然后加入不同特征。沿着金字塔向上移动，上一层级的设计包含了下一层级的大部分特征，但增加了新特征，这些新特征考虑了项目、参与者学习和组织因素等其他方面。读者也可以将这个模型想象成一个带有四个辐条的中心轮，中心轮代表从实际项目中学习，四个辐条代表对关键设计特征的牵引力，如图1所示。

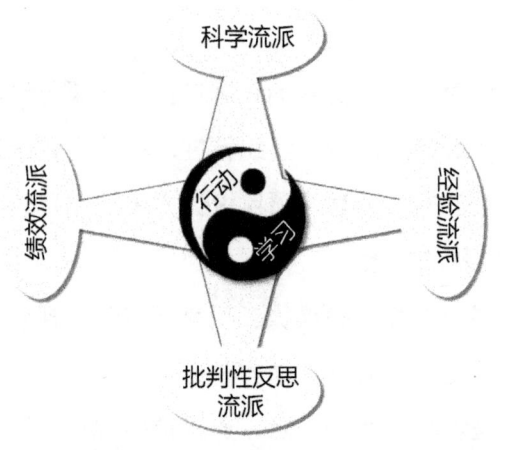

图 1　行动学习项目设计

第二个目标是分享模板、工具和案例，这些分享将使行动学习更加生动。读者将看到不同组织是如何设计、实施和评估行动学习的。通过这些分享，人们可以洞察到所做选择背后的思想，这将帮助读者更深入地思考他们自己的组织应如何做出相应选择。在开发自己的项目时，读者可以修改和应用这些模板和工具，从而利用其他项目的经验和教训。

第三个目标是尽可能依据已知的研究和理论做出决策和选择。行动学习金字塔本身建立在学术研究之上，这些研究包括朱迪·奥尼尔本人的成果，以及两位作者和其他同事对实施的行动学习进行研究后形成的见解。我们还引用并分享了该领域其他关键学者的研究，以便让读者对自己的项目做出明智的选择。理论附录为那些希望更深入探究本书学术基础的读者提供了进一步的阅读材料。

行动学习的收益是什么

行动学习并不是一个全新的组织和人才发展方法，但近20年来，越来越多的公司开始认可和接受行动学习。这种现象的关键原因是全球环境的迅速变化。由于环境的快速变化，过去行之有效的方法已经失效。管理者依靠已有的专业知识已不足以应对这种快速变化的环境，组织中的领导者需要不断地寻求解决商业问题的创造性方案。参与者在行动学习项目中解决所面临的新问题，结果是他们学会了从不同角度来看待自己的工作和组织。然而，仅仅有"正确"的答案还不够，管理者必须知道如何提出"正确"的问题，而行动学习正是一个聚焦于提问的方法。

组织应用行动学习的原因多种多样，但通常的原因是，行动学习能将学习与业务目标的达成结合在一起。行动学习是一个结果驱动型的学习过程，业务问题的解决方案不仅对组织产生了立竿见影、可量化的结果，而且促进了参与者能力的提升。通过解决实际业务问题，行动学习为个人和团队建立并提供了持续开发其能力的过程。

在快速变化的环境中，领导者必须具备强大的适应性。在工业时代，持续学习是有益的；但在当今的知识社会中，对每一位知识工作者来说，持续学习是必不可少的。例如，美国国家教育与经济中心对知识世界的描述如下：

> 在这个世界里，日常工作大多由机器完成；数学推理比数学

事实更为关键;一线工人如果无法对其制造的产品的设计做出贡献,他们可能会随着这些产品一起变得过时;汽车修理工在面对车内计算机未能按设计功能运作时,必须弄清楚应该采取哪些措施;软件工程师如果同时也是音乐家和艺术家,他们将对哪些人不适合进入娱乐行业有敏锐的洞察;人们愿意为了解纳米技术的建筑师支付报酬;而那些建造定制游艇和渔船的小企业主,只有迅速掌握大量碳纤维科学知识,才能生存下来。

课堂教育(K-12)尚未能为个人的终身学习提供充分的准备。除了不断构建个人的知识和专业技能,许多领导者还需要在从经验中学习的方法上得到指导。

行动学习实现了问题解决与从问题解决过程中学习之间的平衡。这种平衡是通过团队的循环工作来实现的。在这个循环中,参与者以新视角审视和思考问题,采取行动,对行动进行反思,然后继续团队工作,形成循环。通过这一过程,人们学习如何更有效地从经验中学习。行动学习培养了自主学习的能力,将参与者置于一个必须对自己"学到了什么"和"如何学习"负责的环境中。此外,在当今的网络学习环境中,参与者能够通过合作和社交互动进行学习。他们学会了与团队成员协作和学习,以及与跨组织的其他人员讨论遇到的挑战。行动学习能够培养构建人际网络的能力,并为与组织内其他部门的关键同事和领导者扩展人际网络提供了机会。

行动学习为组织带来了另一个吸引人的优势。组织长期以来面临的挑战是如何将教室中的学习应用到实际工作中。在行动学习中,由于参与者直接处理实际工作问题,学习成果的迁移变得相对容易。第5章的行动学习项目评估显示,这种设计可能会促进行为和变革在组织中的示范和传播,影响范围甚至超出了项目成员。在行动学习项目中,团队在采取行动解决问题时,需要识别并克服组织障碍,同时寻求组织的支持以采纳解决方案。书面建议可能在理论上完美，但实际执行中可能会遇到问题。行动学习项目中项目的完成，意味着变革可能在项目结束前就已经开始，这为采用新方法铺平了道路，而不仅仅依赖于旧的"正确"答案。

本书的目标读者是谁

本书主要面向希望深入了解如何在其组织中设计、实施和评估行动学习项目的学习和组织发展专家。同时，本书也适用于以下读者：

- 想要了解行动学习在组织中应用可能产生的影响的管理者和其他组织领导者。建议重点关注第1、5和6章。
- 即将参与行动学习项目的管理者和潜在参与者，希望对行动学习有更深入了解。建议重点关注本书中的故事和案例。
- 希望更深入理解如何催化行动学习的催化师和咨询顾问。与高管教练不同，他们更关注如何帮助学习者从实践中学习，而非仅仅关注做什么，以及如何促进这些行为的转变。建议重点关注第4章。
- 讲授人力资源开发、组织发展和基于工作的学习课程的专业人士，以及研究和评估行动学习项目的人员。建议重点关注第1、4、6章及理论附录。

如何使用本书

读者可以根据自己的兴趣和需求来阅读和使用本书。我们首先展示了本书的全景地图，然后描述了几个关键特性的基本原理，最后用如何使用理论附录来结束本书。

各章内容是什么

第1章阐述了行动学习的背景和定义，旨在帮助读者深入理解行动学习及其不同诠释。本章提供了一个框架，旨在辅助读者判断行动学习是否适合其组织需求。此外，本章还介绍了行动学习金字塔，并举例阐释了行动学习的四个流派：绩效流派、科学流派、经验流派和批判性反思流派，分别强调了哪些方面以及为何要强调这些方面。

第2章界定了协同设计行动学习项目的关键步骤。协同设计指的是行动学习催化师（无论是内部的还是外部的）、组织内的人力资源或组织发展部门以及项目发起人共同参与，为项目设计提供专业知识和支持。本章明确并讨论了协同设计的17个步骤，但并非所有项目都必须遵循这17个步骤。本章面向那些设计和实施项目的读者，涵盖了一些常见的项目设计问题。例如，设计过程中何时以及如何让主要领导者参与；项目成功的关键因素是什么；是选择团队模式还是个人模式；是否需要行动学习催化师；如何确保与人力资源体系的协同；如何为项目的推进制定计划等。

第3章聚焦于支持行动学习项目成功实施的策略。本章将展示项目成功的关键要素和执行策略，以及发起人、参与者和催化师等核心角色。本章探讨了参与者如何进行前期准备，以促进项目中的有效学习。此外，本章还提供了团队模式和个人模式的方法与指南，个人学习目标的处理方式，以及如何有效利用学习日志。最后，本章描述了影响行动学习项目成功或失败的其他执行要素。

行动学习催化师与生活教练或专注行为改变的其他教练不同，他们致力于创造学习的空间。这具体意味着什么？他们是如何实现这一目标的？第4章将展示催化师的背景、价值观和态度如何影响其实践。本章内容包括：行动学习催化师在不同行动学习流派中的角色定位；如何根据不同组织需求调整催化师的角色；催化师如何促进团队学习过程和学习环境的构建；催化师之间的协同工作方式；如何培养行动学习催化师。

第5章探讨了如何评价行动学习项目的效果。如何确定所设计和实施的项目真正取得了成功？如何向组织证明投入的时间、人力和资源正在带来预期的成果？本章提供了关于学习转化的理论和最佳实践，并讨论了评估学习成果以及将学习与实际业务成果联系起来的普遍挑战。评估项目本身是一种方法，但本章还探讨了其他方法，以了解学习和发展的好处，这些好处是项目发起的核心原因。

第6章引导读者回顾前文，并思考如何在其特定组织环境中应用行动学习。本章帮助读者整合所有见解，既是对所学内容的总结，也是深入思考的指南，使读者能够在组织中重新评估和应用行动学习。本章设计了一个回顾表单，以帮助读者查找书中关于行动学习应用的关键信息；此外，本章还介绍了一个工具，帮助读者判断哪个流派可能更适合其组织。

本书的特点是什么

本书具有几个显著特点。首先，本书采用提问作为标题。这样做是因为提问是激发行动学习潜力的关键，与质疑以获得新见解的过程相一致。提问不仅能够开启思考之门，还能帮助提问者重新构建那些可能因回答者对严峻挑战准备不足而产生的模糊情境。

其次，本书汇集了来自不同来源的引语和故事，旨在帮助读者从多角度理解内容。此外，书中包含了众多案例、引文和工具类插图，这些元素将行动学习项目的实践经验带入书中，使读者能够接触到在不同情境下成功实施行动学习的各种视角和经验。

如何使用理论附录

本书的理论附录由伊莎贝尔·瑞门诺齐（Isabel Rimanoczy）和朱迪·奥尼尔（Judy O'Neil）共同撰写，为读者提供了深入探究本书所提供模型的理论基础的机会。虽然并非所有读者都需要深入到这个层次，但对于那些渴望了解行动学习背后的"为什么"和"如何做"的读者来说，该附录将提供极大的帮助。附录的第一部分更详尽地介绍了每个行动学习流派背后的学习模式。在附录的第二部分,读者将发现更多关于成年人如何从经验中学习的内容,以及发展性思维如何影响成年人对项目中学到知识的消化和处理。

我们对你有何期望

在你即将独自探索这些章节的旅程中,我们将玛丽亚·里尔克(Maria Rilke)给一位年轻诗人的建议转赠给你:

> 亲爱的先生,我恳求你,对你心中所有未解决的问题保持耐心,努力去爱上提问本身,就像它们是一间锁着的房间或一本用完全陌生语言写成的书。不要急于寻求目前还无法获得的答案,因为这样你就无法体验阅读的乐趣。现在,享受这一切,享受提问。也许在不久的将来,不经意间,你将开始享受逐渐找到答案的过程。

第 1 章

做出决策：
行动学习适合你的组织吗

即使最聪明的头脑，也有未知的领域。

——**乔治·桑塔亚那**

如果你不知道要去向何方，就无所谓选择哪一条道路！

——**刘易斯·卡罗尔**

今天，行动学习已成为众多组织首选的领导力发展方法。这种现象的出现有多种原因：全球工作环境的快速且不断变化、组织期望看到领导力发展的具体成果、当学习与工作生活紧密结合时人们更易激发学习动力等。尽管行动学习日益普及，但其真正的定义——从实际工作中学习——对许多人来说仍意味着更多。本书旨在帮助实践者理解经常使用的行动学习的不同流派，以便他们在将行动学习引入组织时能够做出明智的选择。

我们还提供了一些来自我们自己和他人的经验教训，这些经验教训可以作为应对行动学习挑战的经验法则。在项目的发展过程中，从实际工作中学习往往像在现实世界中一样混乱无序。行动学习中的实际工作在一个受保护的环境中进行，这种环境允许人们犯错并从中学习，这是行动学习的吸引力之一，但同时也增加了计划和控制的难度。实际工作之所以吸引管理者，是因为它让他们对遇到的挑战感到兴奋，并且能够在为组织做出贡献的同时促进个人成长。行动学习中的实际工作意味着可以立即获得结果，减少了"学习转化"的难题。实际工作带来的真实结果揭示了其他人和组织的复杂性，并引起了关注。因此，实际工作也意味着设计者必须创造性地思考如何帮助管理者从混乱中获得学习。本书正是为这些行动学习的策划者、设计者和执行者而编写的。

什么是行动学习

尽管众多组织都在实践行动学习，但它们的形式和方法却各不相同，这使得很难达成对行动学习定义的共识。行动学习的核心是"做中学"，这已成为许多知识应用学习设计的一个基本特征。即便是在大学教育中，教师也通过案例研究、角色扮演和经验分析等手段，将实践融入了教学过程。E-learning虽然以文本为中心，但其互动工具使得行动故事的分享、工作模拟，甚至参与虚拟活动变得更加便捷。面对面的培训通常基于具有反馈的应用性活动，而行动学习的发展极端包括冒险训练、绳索课程、游戏以及其他以体验为中心的活动，这些活动通常与自我洞察和应用性总结紧密相连。

我们并不试图一次性解决行动学习的"黄金标准"问题，但是，理解行动学习的不同定义，可以帮助实践者为自己的组织设计和实施适合的行动学习方案。

行动学习形成的历程是什么

行动学习不是一个短暂的时尚或潮流，而是一个拥有悠久而丰富历史的过程。了解其历史背景能够帮助实践者更深刻地理解如何在组织中有效应用行动学习。行动学习的发展历史讨论应从雷格·瑞文斯（Reg Revans）开始。

雷格·瑞文斯在世界许多地方被誉为"行动学习之父"，他首次提出行动学习的概念是在他作为汤姆逊（J.J. Thomson）的学生时期，完成博士论文的时候。汤姆逊被誉为"电子之父"，是诺贝尔奖得主，他创建了卡文迪许（Cavendish）实验室，而瑞文斯当时就在这个实验室进行研究。汤姆逊主持的周例会聚集了12位当时和后来的诺贝尔奖获得者，他们在会议中分享各自的成功与失败，这正是后来瑞文斯所称的"与未知的斗争"（struggling with the unknown）。瑞文斯的早年生活似乎预示着他更倾向于通过实践来学习。他的母亲曾是当地一家医院的志愿者，并对当时被认为是革命性思想的南丁格尔（Florence Nightingale）的理念感兴趣。

瑞文斯的父亲曾担任商船首席调查员，为皇室服务，并深入参与了泰坦尼克号沉船事故的调查。瑞文斯回忆，他们家靠近码头，常有水手前来分享他们在那艘命运多舛的船上的经历。瑞文斯曾不断询问父亲从这场悲剧中学到的最重要教训，父亲告诉他，我们必须学会区分"聪明"与"智慧"。这个回答可能启发了年轻的瑞文斯，让他明白要问"为什么"以寻求深入理解，而

不仅仅是问"是什么",仅仅获取表面信息。

瑞文斯在英国煤矿和医院的工作经历使他认识到,解决问题所需的知识必须来源于实践,而不仅仅是书本上的研究。尽管被视为传统教育的叛逆者,瑞文斯却得到了企业和行业领导者的支持。行动学习带来的资源节约和生产率提升,本身就是最好的证明。瑞文斯强调通过提问获得新见解的重要性,这是他多年努力提炼出的方法。他认为提问能够解放思维,以新视角思考那些挑战性问题,这些问题不是简单应用已知的专业方案就能解决的。然而,在当时,一些守旧的人并不认同他的方法。

1940年,瑞文斯担任英国国家煤炭局教育署署长,成为教育与产业融合、理论与实践结合的倡导者。他相信,从事相似工作的人面临相似的挑战,因此能够相互提供有效的解决方案。瑞文斯主张煤矿管理者应该相互学习。

他组织煤矿管理者分成不同团队,在矿井附近举行会议。这些团队致力于解决煤矿业的问题,互相参观矿井,并担任彼此的顾问。这种行动学习小组的原型,使得煤矿开采量增加了30%。

瑞文斯也对英国医疗卫生服务和医院存在的问题表现出浓厚兴趣。他设计了一个项目,让医院工作人员以团队的形式参观其他医院的操作系统。这个项目被称为"跨医院沟通学习",最终解决了40个独立的项目或问题。项目让工作人员置身于新环境中,从自己的专业角度审视系统,其成果包括死亡率的显著下降、住院时间的缩短和员工忠诚度的提升。在20世纪70至80年代,瑞文斯最终将他和他的助手提出的这一概念命名为"行动学习"。

在瑞文斯及其团队推广行动学习概念的同时,瑞典隆德也在独立地开展相似的工作。伦纳特·罗林(Lennart Rohlin)对本国传统管理培训的局限性感到不满。1976年,他带领一支对瑞典管理和领导力开发持批评态度的学者和顾问团队,通过隆德管理学院创立了自己的行动学习模式。该团队设计了一个开放式的过程，后来被称为"行动反思学习™"（Action Reflection Learning，ARL）。

隆德管理学院方法的一个显著特点是促使人们跳出常规理解世界的框架。艺术、体育、户外远足或冒险训练构成了隆德管理学院项目的核心，类似于前往一个国家旅行，在那里遇到的意外事件，成为质疑个人价值观、信念和工作方式的丰富素材。隆德管理学院的思考方式鼓励采用新视角和创新解决方案，力求打破并改进管理者对世界和问题的传统心智模式。

在隆德管理学院的方法与瑞文斯的方法发展的同时，其他北欧国家的行动学习方法也在进步。随着行动学习的不断演进，美国在这方面的进展如何呢？行动学习在美国的早期推广并不顺利，瑞林（Raelin）认为，这种早期的阻碍主要有两个原因。

> 首先，可能是因为美国的公司董事会成员不愿意面对有人揭露组织的核心问题，这种态度构成了对文化变革的阻力。其次，行动学习不是一种产品或单一的结果，而是一个持续的过程，而美国文化往往更倾向于结果导向而非过程导向。

国际管理领导力中心的团队努力将隆德管理学院的行动学习模式引入企业，但直到20世纪90年代，这一方法才获得成功采纳。全球化的趋势推动了美国组织采用新的工作方式，这些新方式需要不同类型的领导力，一些公司开始探索自己的行动学习实践。在这些公司中，通用电气（GE）公司尤为知名。

通用电气公司的业绩成功激发了其他公司采用该公司的行动学习方法，这一方法由顾问诺埃尔·蒂奇（Noel Tichy）构建。蒂奇主张管理者应该抓住"学习时机"（teachable moments）来培养其他经理人。

如何定义行动学习

虽然瑞文斯没有为行动学习给出一个具体的定义,并且一直认为不存在一种固定的"行动学习方法",但他确实提供了以下的描述:

> 行动学习是一种开发工具,它通过让参与者全身心地投入到解决真实、复杂且紧迫的问题中,要求他们投入脑力、心力甚至体力,以此促使他们实现预期的变革。通过这个过程,参与者在相关问题领域的行为可以得到明显的改进。

威利斯(Willis)确定了她所称的"瑞文斯的黄金标准",包括24项行动学习原则。尽管瑞文斯本人从未制定过这样一份标准清单,但佩德勒(Pedler)、伯戈因(Burgoyne)和布鲁克(Brook)在研究英国商业学院的行动学习项目时,依据他们所称的"瑞文斯的经典原则的观念"或"基于他五十多年的广泛著作得出的观念",得出了以下发现:

- 采取行动是学习的基础。
- 深入的个人发展源于对行动的反思。
- 应致力于解决难题(problems,没有正确答案),而非谜题(puzzles,受制于专家知识)。
- 提出的难题既涉及组织的发展也关乎个人的成长。
- 行动学习者通过结成伙伴关系(逆境中的同盟军)开展工作,他们相互支持并互相挑战。
- 寻找新问题以及"Q"(洞察性提问,questioning insight)比获取专业知识或"P"(程序化知识,programmed knowledge)更重要。

行动学习的定义随着实践者自身对行动学习应用的理解而发展,这可能会让实践者感到困惑:究竟什么是真正的行动学习?表1提供了一些关键的定义。

表1 行动学习的定义

定 义	理论家/实践者
行动学习是一种促进组织和个人发展的方法,人们以团队形式共同工作,解决重要的团队项目或问题,并从尝试改变的过程中学习	佩德勒
行动学习是一个持续的学习和反思过程,同事之间相互支持,共同致力于任务的完成。在这个过程中,个人通过解决实际问题和反思自己的经历,与他人一起学习,并从他人那里学习	麦吉尔(McGill)和贝蒂(Beaty)
行动反思学习™被描述为: ……在一个行动反思项目(一种行动学习的形式)中,"培训"转变为一个项目,学习发生在参与者试图解决一个与工作相关的问题时……行动反思项目的基本特征包括:以团队形式解决问题;学习如何学习以及批判性思考;提升在项目或问题解决过程中所需的能力;发展参与者自己的管理、领导力或员工授权的理论——这些理论已经通过了现实世界和既有信念的检验	马席克、赛德侯姆(Cederholm)、特纳(Turner)和皮尔逊(Pearson)
行动学习就是在控制环境下的一种"做中学",除此之外,别无他物	达特里奇(Dotlich)和诺埃尔

在表1中,各种行动学习的定义都遵循一些共同的原则。首先,工作以团队形式开展,目的是对有意义的问题采取行动,并从行动中学习。麦吉尔和贝蒂补充了一个周期性的循环,包括采取行动、通过反思评估行动、得出结论,以及基于这些结论采取下一步行动。马席克、赛德侯姆、特纳和皮尔逊引入了批判性反思的概念,并主张使用行动学习催化师来帮助学习者质疑行动、挑战假设,并承诺采取有意义的行动。达特里奇和诺埃尔则对行动学习持有一种简单的观点,回归到行动学习的基础——"做中学"。

正是基于对这些共同原则的分析,结合这些理论家和实践者的其他见解,我们提出了对行动学习的自己的定义:

行动学习是一种促进组织与人才发展的协作方法，它将研究或解决实际问题的过程作为学习的手段。参与者以团队形式采取行动解决问题，并学习如何从这些行动中获取知识。通常情况下，一位行动学习催化师会与团队合作，协助团队成员学会如何在行动与学习之间找到平衡。

尽管表1中的定义存在一些共同点，但当我们探讨不同的方法时，这些差异往往会使实践者感到困惑。当人们使用的"行动学习"这个术语包括其他类型的、旨在发展特定技能的体验练习（如户外探险运动或模拟演习）时，这种困惑往往会加剧。

行动学习是什么？行动学习不是什么？人们谈论的所有这些是否指同一件事情？现在，我们需要解决的问题是，如何理解我们所写内容的含义，而不是给出一个毫无意义的纯粹定义。

"当描述行动学习时，遇到的一个问题是，对不同的人来说，行动学习意味着不同的事情。"通过分析行动学习的四个流派，我们可以了解这些差异，并给这种混乱带来秩序。这四个流派的划分依据是——实践者对于在行动学习过程中"学习是如何发生的"这一观点的不同理解。这四个流派的创建旨在理解它们的异同，而不是以任何方式给从业人员贴标签。这些类别的划分是基于文献和与美国、英国和瑞典行动学习从业人员的访谈归纳得出的，因此其他人可能会有不同的分类。这些不同的流派有一些共同之处，正如我们的定义所示，但关键的区别在于"学习是如何发生的"这一观点，这个观点也对笔者如何看待行动学习的过程产生了新的影响。

这四个流派的区别详见表2。在绩效流派中，主要关注点是行动和通过项目取得结果。绩效流派假定，只要精心挑选的参与者共同努力，进行一些团队建设活动，并得到来自企业内外部专家所提供的信息，学习就会发生。在学习过程中没有必要设置明确的关注点，这使得学习主要是隐性的和附带的。

表2 行动学习的流派

流派	绩效流派	科学流派	经验流派	批判性反思流派
理论	附带学习	α、β 和 γ；L=P+Q	从经验中学习	通过批判性反思学习
实践者	达特里奇、诺埃尔、蒂奇	瑞文斯、布什克（Boshyk）	麦吉尔、贝蒂、芒福德（Mumford）	马席克、奥尼尔、瑞林

科学流派源于瑞文斯的研究，他将自己的管理目标实现方法描述为一个包含α、β和γ的系统。由于他早期的物理学背景，该系统基于科学方法。瑞文斯认为学习是通过提问发生的，并提出了学习公式L=P+Q［L代表学习（learning），P代表程序化知识，Q代表洞察性提问］。P指的是专业知识、书本知识以及那些我们被告知应该去做的事情（因为几十年来大家一直都是这么做的）。Q，即洞察性提问，被描述为"有辨识力的提问"（discriminating questions）。

作为经验流派的一部分，许多行动学习的支持者把库伯（Kolb）学习圈作为其理论基础。库伯强调全人学习维度，即在认知与吸收信息方面通过抽象概念的具体经验，并通过学习（由反思观察和积极实验的结合）将信息转化为知识。库伯学习圈的步骤包括：首先体验某事物或通过模拟来思考某事物，然后反思这种体验并分享感知，将感知与理论对比以解释发生的事情，将理解应用于实践，并尝试新的思考和工作方式，形成这种学习类型的新循环。行动学习允许学习在经验学习圈的每个阶段发生。因此，行动加上对行动的反思，可以提升对"工作是如何完成的"这一问题的认识，为参与者和团队提供更多选择来扩展知识库，从而更高效地完成工作。

批判性反思流派的实践者认为，行动学习应超越经验流派所强调的简单反思，更应强调"批判性反思"，关注思维背后的基本假设。这意味着人们认识到自己的观点是有缺陷的，因为这些观点已经被家庭、学校和社会传承下来的意见、信念、态度和感情所过滤，而这种过滤是不加批判地接受的。这种有缺陷的看法可能会扭曲个人对问题和情况的理解。批判性反思不仅可以超越个人层面，还可以检视组织中视为理所当然的标准。通过这个流派，参与者可以学会提出好问题而非总想着提供答案，能在没有正确答案的情况下做出更好的选择，尝试新的方法，进行更具战略性的思考，并吸收和处理不同的观点。

对于希望更深入了解行动学习流派的读者，本书的理论附录提供了更为详细的描述。

四个流派的行动学习项目是如何开展的

为了将行动学习的讨论从理论层面落实到实际操作，我们为读者准备了四个真实的案例项目。我们认为这些项目能够体现四个流派的关键特征。

第一个案例项目来自辉瑞公司（Pfizer）的查克·威廉姆斯（Chuck Williams）。这个案例展现了绩效流派的许多特点：管理者致力于解决实际的业务问题，在解决问题的过程中，他们获得了新的信息和工作程序，并在工作中得到了专家的协助。这个项目的设计明确关注于任务式学习，而不特别强调反思性学习。然而，威廉姆斯还指出，该项目实际上包含了批判性反思流派的元素，因为项目期望参与者和项目能够挑战组织的常规做法。

辉瑞公司的绩效领导力项目

查克·威廉姆斯

辉瑞公司是一家价值超过500亿美元的以科研为基础的制药和医疗保健公司，总部位于纽约。当查克·威廉姆斯在2002年年底成为首席技术官并加入董事会时，他意识到需要使IT战略与组织及公司的整体战略保持一致，并在快速发展的商业环境中加速战略的实施。其次，同样重要的是，为了实现这些成果，需要加速公司顶尖IT人才领导力技能的发展。最后，公司计划进行为期4年的第二个价值数十亿美元的收购，这需要一种方法，使新的制药部门同事能够迅速融入由"老辉瑞人"和前华纳-兰伯特公司员工组成的文化中。

在担任佐治亚-太平洋（Georgia-Pacific）公司首席信息官期间，威廉姆斯曾采用过诺埃尔·蒂奇提出的"领导者发展领导者"（leaders developing leaders）的方法论，该方法论在密歇根大学和通用电气公司的工作中得到了应用。该方法论在解决关键业务问题时迅速取得了成果，并培养了参与者的领导能力。威廉姆斯与Brimstone咨询公司签订了协议，该公司曾在佐治亚-太平洋公司帮助过他，以协助执行在Brimstone咨询公司取得成功的流程，并提供领导力教练。Brimstone咨询公司的创始人曾在密歇根大学和通用电气公司与诺埃尔·蒂奇共事过。

第1步：高管团队联盟

该项目的第一阶段被称为"高管团队联盟"。在60天之内，首席技术官召集高级IT领导者脱产参加了两次工作坊。在工作坊中，IT战略和组织的价值观被塑造成一个简洁明确的"战略业务框架"，该框架由关键长期战略、关键指标、年度更新的短周期交付物组成。价值观是使用辉瑞公司价值观的现有表述来实施的，称为"领导者行为"。

高管团队联盟的第三个关键组成部分是，要求每位领导者设定一个学习发展点，包括用个人的方式与同事互动，从其他同事那里获得反馈，培养"战略业务框架"的主人翁意识。高管团队联盟的流程设计周全，表现在描述关键业务问题、业务的内外部环境、以解决问题方式进行团队建设，以及收集来自于上级、下属和同级的反馈等方面。

在第一次和第二次工作坊之间，每位高管团队成员必须回到各自的工作团队，汇报已具雏形的"战略业务框架"的关键组成部分，收集反馈信息和对于战略、指标和交付物的改进建议。高管团队联盟项目的最终结果是一个三至五年的"战略业务框架"，该框架得到了60多位IT组织最高领导者的高度认可。

第2步：绩效领导力项目

该项目的第二个关键组成部分是执行多轮的绩效领导力项目。这些项目的主要特点包括：

- 每个项目旨在解决一个关键的业务课题或问题，并在90~120天内取得显著进展。
- 项目被定义在能在90~120天内获得具体且可衡量的结果的范围内。
- 项目都配备了6~8位具有高潜力的后备领导者。
- 项目团队的结构旨在实现参与者之间的平衡。理论上，任何团队都能够实施任何一个项目。团队通常包括来自不同部门、不同地区的成员，他们拥有不同的技能。通常，与客户直接接触的部门、财务、项目管理、风险管理和技术操作等领域的专家会加入不同的团队中。创建这些平衡的团队是一个重点。
- 项目的目标是实现业务绩效的提升、领导力和成熟度的发展，并加速组织转型。团队成员在参与项目的同时，不放弃他们的日常工作，但被鼓励尽早与上级领导就合理的期望达成共识。

角色

- 团队参与者。选择那些在现有工作中表现卓越、具有迅速成长为领导者的高潜力、在辉瑞公司内部的360度领导行为评估中获得高分的人员。
- 发起人。每个团队配备了一或两位高层发起人，他们的主要任务是在解决业务问题时为团队提供必要的资源和指导。这些发起人通常是上一周期绩效领导力项目的参与者，许多之前的参与者已经成长为优秀的发起人。
- 领导力教练。每个团队都配备了一位外部教练和一位来自辉瑞公司人力资源部门的内部教练。外部教练对绩效领导力项目的流程和机制有深入了解，为发起人和团队成员提供直接的一对一指导。教练在工作坊以及每周的团队会议中都扮演着关键角色。绩效领导力项目流程不规定组织、控制和领导团队的具体方法，而要求团队成员自行决定如何完成工作。

- 高层所有者。首席技术官负责领导整个项目，在项目选择、团队成员分配以及明确项目目标和角色时提供协调和支持。高层所有者和发起人在工作坊也担任讲师的角色。

科学流派的最好案例之一是瑞文斯自己的项目。通用电气公司的项目是瑞文斯最初的项目之一，体现了 α、β 和 γ 系统的应用。

英国的通用电气公司

瑞文斯重点记录的项目之一是在英国的通用电气公司进行的。20世纪70年代初，公司总裁阿诺德·温斯托克（Arnold Weinstock）提出了培养高级业务管理者管理能力的需求。温斯托克在电视上看到瑞文斯关于行动学习的讨论后，便请他的私人助理预约瑞文斯，探讨设立基于行动学习的管理开发项目的可行性。1974年，在三个组织的合作下，高管开发项目正式推出。这三个组织分别是：通用电气公司；国际行动学习项目——通过项目咨询师的角色协助通用电气公司设计和运作项目；Dunchurch工业职业学院——负责两个室内课程，并提供其他方面的专家支持。

第一个项目包括21位高管，他们被分为四队，每队4~6人。要想被选入这个项目，每位参与者都需要证明其在工作中的价值，并且具备晋升到高级综合管理者所必需的潜质。他们还必须有能力发展自己的优势以及通用电气公司的优势，并相信该项目将大大有助于这方面的发展。各团队与来自通用电气公司和国际行动学习项目的项目顾问一起工作。

高管开发项目历时八个月。参与者在他们的行动学习项目上全职工作三个月。他们参加了两个室内课程——一个在项目开始时（两周半）和一个在项目中期（一周），以及由参与者组织的工作坊。每个行动学习小组在整个项目期间每周会面一天。

关于项目，参与者有四个选项可以考虑：

选项1：在运营公司之间进行交流。

选项2：留在自己的运营公司（让高管保留对其参与者的控制权）。

选项3：留在自己的工作岗位（将自己的工作作为项目）。

选项4：与非通用电气公司进行交流。

每位参与者负责自己的项目，而非团队项目（这与美国以外的其他国家行动学习的通用设计不同）。一旦项目被选定或指定，参与者需要诊断问题，提出解决方案，并说服组织成员和客户接受他的诊断和行动建议。有时，这个行动也包括参与者自身。在团队的每周例会上，成员们回顾各自的进展，讨论诊断情况，并探讨如何获取所需信息。

项目结果由所有参与者共同审查和讨论。已经讨论过的组织层面的影响包括：为了项目的完成，开放通用电气公司内部可利用的资源；揭示高管沟通不畅的问题；改善高层与中层管理者之间的沟通。个人成果包括：思维更加开放、减少个人主义、增加协作式团队管理方法。随着项目的进行，管理者和参与者提升了处理更广泛企业问题的能力与意愿。

美国新泽西州电力和天然气公司的LIRW项目是一个体现经验流派的案例。客户鲍勃·布朗宁（Bob Browning）意识到了组织变革的必要性，但他同时认为，鉴于公用事业部过去保守的状况，一个公开的批判性反思项目可能不适合组织的文化。该项目包含了许多经验流派的元素，其中包括使用学习风格测试问卷。随着项目逐步稳固并实现了一定程度的变化，批判性反思的元素也变得更容易被接受。这表明，当项目在组织中建立了基础并获得了信任后，引入更深层次的反思和变革成为可能。

新泽西州电力和天然气公司的LIRW项目

朱迪·奥尼尔 学习与领导力公司总裁

1996年，我们为新泽西州电力和天然气公司（Public Service Electric & Gas Company，PSE&G）设计了一个行动学习项目。PSE&G是《财富》200强全球能源服务公司——公共服务企业集团的一部分。当时，该公司正面临一项挑战：将自身从一个带有命令与控制等级制度的垄断企业转型为能在竞争环境中取得成功的企业。尽管该公司已经采取了一些培训措施，特别是质量培训，但他们认为这些课堂学习几乎没有转化为实际工作中的成效。

面对这一情况，项目发起人、副总裁皮特·塞斯特罗（Pete Cistaro）向领导力和专业能力发展集团寻求帮助。集团管理者鲍勃·布朗宁随后和学习与领导力公司进行了沟通，请求他们协助设计行动学习项目。鲍勃熟悉行动学习，并认识到行动学习作为一种突破性变革的干预措施，具有弥补培训不足的潜在价值。学习与领导力公司与PSE&G联合设计了一个名为"领导力就是实际工作"（Leadership is Real Work，LIRW）的行动学习项目。该项目的目标包括：

- 增强人们之间的沟通和互动。
- 将质量工具和行为纳入组织运作中。
- 开发和使用问题解决技术和教练技术。
- 建立一个开放和信任的环境，使冲突能够公开讨论。

根据组织的需求和当前的准备情况，学习与领导力公司推荐了一个主要体现经验流派要素的项目设计。然而，在项目实施过程中，也融入了一些其他元素，目的是让参与者能够通过批判性反思进行学习。

LIRW项目从1996年持续到2000年，包括两个试点会议：一个是专为高层领导设计的会议，另一个则是有250多名参与者参加的9个例会。每个例会通常包含4个团队，每个团队由5~7名成员组成。参与者来自组织的6个不同公司，他们并非项目专家。在6周的时间里，团队聚集开会共计6.5天，在这段时间内，团队与一个大型团队联合工作，后者以团队形式进行学习和项目研究。行动学习催化师参与每个团队的会议，但在两次正式会议之间举行的工作坊则不参与。项目最后一天安排了学习成果分享和项目成果汇报，向团队、高层领导和项目发起人展示项目成果。

每个团队研究一个业务项目，同时，每个团队成员会选择1~2个个人学习目标。在整个项目中，团队成员需要通过团队合作和个人工作来实现这些目标。每个项目都有一位发起人，他们是组织的高管，对项目感兴趣，并有能力支持建议的实施。根据学习与领导力公司和组织的协议，发起人的职责还包括能力开发。因此，行动学习催化师与他们签订了合同，以实现他们自己的个人学习目标。

行动学习催化师创造了一个平衡完成项目与从项目中学习的环境，为团队提供支持。他们运用了一些设计元素来促进体验式学习的情景，如使用学习风格问卷来理解如何从经验中学习，以及在团队会议之间进行频繁的反思。

罗伯特·沃德描述的伯莱克斯（Berlex）的企业发展项目体现了批判性反思流派的核心特征。在这个项目中，反思促使参与者浮现、检视并挑战自己的观点、信念以及组织的规范。这种反思在参与者将自己的工作与个人学习目标相结合时表现得尤为明显。

伯莱克斯的企业发展项目

罗伯特·沃德　Leadership Bridge公司总裁

伯莱克斯的企业发展项目是一个为期六个月的行动学习项目，它是Schering AG组织内部高潜质领导者培养全球战略的一个组成部分。伯莱克斯实验室是Schering AG组织的美国分部，该组织是一个在全球94个国家拥有21 000名员工的全球制药组织。

2001年，Schering AG组织开始构建一个全球性的矩阵结构组织。这一变革的驱动力是强调通过发展美国业务来促进增长。作为其长期战略的一部分，这家全球化组织确定了提升管理和领导力项目的需求，以改进绩效文化和培养全球化能力。为了实现这一目标，伯莱克斯实验室决定将行动学习项目纳入其整体领导力开发战略。

该项目的目的是在伯莱克斯内部培养一批合格的领导者。项目目标包括帮助参与者：

- 开发领导技能，使他们的工作能够超越目前的水平。
- 更顺利地从讨论分歧过渡到决策和执行。
- 改善人际关系和沟通技巧，增强影响他人的能力。
- 促进自我觉察和自我发展能力。
- 学会通过经验更有效地学习。

在六个月的项目周期内，共安排了10次面对面会议。这些会议按月举行，首次会议为期三天，其余每次为两天。参与项目的共有14名成员，他们被平均分配到两个项目团队。每个团队面临的项目都具有战略意义，且超出了团队成员的职责和能力范围。每个项目团队都配备了一位行动学习催化师，并且每个项目都有一位高管作为发起人。

由高管团队选定的行动学习项目包括：

1. 如何制订更有效的继任计划，在组织的各个层级建立所需的后备力量？

2. 在整体营销战略中，电子营销信息扮演何种角色？电子营销信息是一种数字设备，医药销售代表用它来加强传统营销投资，同时为每位客户定制营销方案。

该项目的设计允许参与者在预定的会议期间安排时间完成项目，并收集更多的数据和信息。

项目中还融入了几次程序性知识培训，以增加系统性学习的机会。每位项目参与者都根据多方位评估及与经理和学习教练的讨论，制定了个人学习目标。此外，安排了一些即时学习课程，涵盖批判性思维、会议管理、高效决策、战略思维和冲突管理。最后，为所有参与者提供了MBTI（迈尔斯-布里格斯人格类型测验）和学习风格测评，帮助他们更好地理解自己和他人。

虽然内容是项目的重要组成部分，但实际学习过程主要是通过质疑和反思项目及个人学习目标来实现的。伯莱克斯的企业发展项目虽然侧重于批判性反思，但在批判性反思与经验学习之间的转换也是自然而然的。因此，从经验中学习既包括促进反思的洞察性提问，也包括对项目的思维方式、个人学习目标和项目经历进行广泛的批判性反思。催化师在项目过程中扮演着至关重要的角色，通过提问帮助参与者反思自己的思维和行动，同时对团队的工作情况进行观察并提供反馈。

如何决定是否使用行动学习

正如我们所见，各种行动学习项目表明，决定一个组织是否采纳行动学习作为干预手段并非易事。实际上，这一决策过程包含两个步骤。第一步，要确定行动学习是不是满足组织需求的正确干预方式。如果答案是肯定的，那么第二步就是决定哪个流派最适合组织的需求和文化。

对于上述需要做出的决策，我们提供以下帮助。首先，我们设计了一个调查问卷，题为"组织何时能从行动学习中受益"（见表3）。如果你的组织确实能从行动学习中受益，行动学习金字塔（见图2）将协助你选择最合适的流派。所有组织都面临需要解决的问题，同时也有多种方法来培养领导力。要确定行动学习是否能够帮助你的组织解决问题和培养领导力，请回答表3中的问题。

表3 组织何时能从行动学习中受益

你所在组织的问题	是	否
1. 没有人知道问题的答案吗？	☐	☐
2. 是关键且紧迫的业务问题吗？	☐	☐
3. 是对业务成果产生影响的问题吗？	☐	☐
4. 是被高度关注的且没有明确答案的问题吗？	☐	☐
5. 是一个无人知晓解决方案，但很多人都有见解的问题吗？	☐	☐
6. 通常的问题解决技术能否为这个问题找到可接受的答案？	☐	☐
7. 这个问题可能通过系统分析来解决吗？	☐	☐
8. 组织是否认为领导者需要学会如何学习？	☐	☐
9. 组织是否需要进行变革或转型？	☐	☐
10. 组织成员普遍接受改进组织学习的需要吗？	☐	☐
11. 组织成员因为提出好问题而受到奖励了吗？	☐	☐
12. 组织是否鼓励成员花时间反思自己的经历？	☐	☐
13. 管理者与员工之间、跨业务单元或团队之间能否自由沟通？	☐	☐
14. 冲突是否被允许浮现并得到处理，而不是被压制？	☐	☐
15. 组织是否有计划发展经理人和高管的领导力？	☐	☐

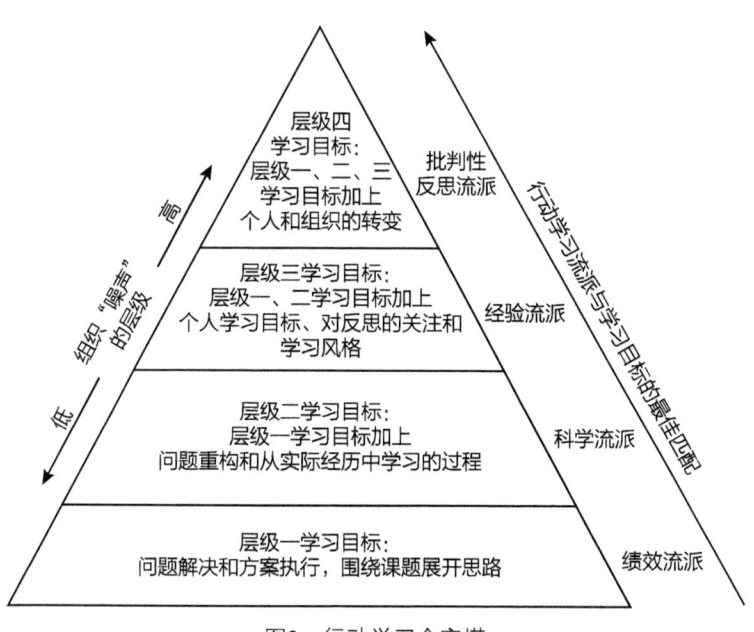

图2 行动学习金字塔

层级四学习目标：层级一、二、三学习目标加上个人和组织的转变 —— 批判性反思流派

层级三学习目标：层级一、二学习目标加上个人学习目标、对反思的关注和学习风格 —— 经验流派

层级二学习目标：层级一学习目标加上问题重构和从实际经历中学习的过程 —— 科学流派

层级一学习目标：问题解决和方案执行，围绕课题展开思路 —— 绩效流派

组织"噪声"的层级：低 → 高

行动学习流派与学习目标的最佳匹配

如果你对问题1至5的回答都是"是",那么行动学习可能是解决组织问题的一个合适的干预方法。但如果你对问题6或7的答案是"是",则传统的解决问题方法可能是更佳选择。

行动学习作为一种解决问题和人才发展的干预手段要取得成功,组织必须具备一定的准备程度。问题8至15涉及准备程度的一些关键元素。如果在这些问题中,你的回答是"是"的问题超过一半,那么你和你的组织可能适合采用行动学习金字塔中的某个行动学习流派。

约克斯、奥尼尔和马席克构建了行动学习金字塔,旨在帮助实践者根据组织的不同准备程度和预期成果,选择适宜的行动学习流派和项目。有效使用行动学习金字塔需要考虑三个要素:首先,评估组织应用行动学习的准备程度;其次,明确项目、参与者和组织期望的学习成果;最后,确定组织希望从项目结果中获得的影响。金字塔根据学习的类型和期望的项目成果对流派进行排序。从金字塔底部到顶部,学习和项目成果的复杂性、关键性和不确定性逐渐增加。随着层级的提升,学习在系统中产生的"噪声"也越多,这意味着组织变革的杠杆作用越大,对过程的阻力也越大。这里的"噪声"指的是当要求参与者对根深蒂固的假设、心智模式以及之前未受重视的问题进行反思时,他们对方案提出的挑战性意见。项目可能产生的"噪声"越大,组织对行动学习和变革的准备程度就越重要。

在金字塔的第一层,学习目标聚焦于解决问题和执行任务的解决方案,重点在于战略性项目和培养战略业务视野。这四个流派均旨在提供且能够提供此类学习。然而,如果这是项目的主要目标,绩效流派可能是最佳选择,特别是当项目旨在强化现有组织文化时。吉姆·诺埃尔、戴维·达特里奇和诺埃尔·蒂奇是这一流派的理论和实践支持者,他们在通用电气公司开展了一种广受欢迎的行动学习实践。管理者集中精力解决实际的业务问题,假定他们在共同面对新挑战的过程中正在学习。他们根据需要获取新信息,并可能采用新的工作程序,专家会指导这一过程,但其明确的关注点在于任务和问题的解决，而非对学习内容的反思。

金字塔的第二层开始对任务的学习目标进行反思，除了问题解决和执行，还强调问题的提出与重构，并期望参与者能从这一过程中提升技能，并将所学技能应用到实践中。科学流派、经验流派和批判性反思流派都能提供这类学习，但如果项目目标仅限于此，类似于瑞文斯的科学流派可能是最合适的。

尽管布什克强调了他与传统瑞文斯方法的区别，他提出的"业务驱动型行动学习"依然有一些要素与该流派的实践相符。布什克讨论了业务驱动型行动学习的五个关键要素，其中三个与瑞文斯的理念相近。首先，他所说的行动研究的使用与瑞文斯提倡的科学方法基本一致。其次，强调执行的重要性，这也是瑞文斯认为关键的，尽管这并非所有行动学习项目的共同点。最后，布什克提出通过团队合作和同伴教练来培养人才。他没有特别提到催化师的使用。瑞文斯同样没有强调行动学习催化师的作用，但他相信个人发展应通过同伴教练和团队合作来实现。

在金字塔的第三层，我们在前述的问题解决和问题重构目标的基础上，增加了明确的个人能力发展、自我认知和学习风格的目标与成果。由于这一层次的行动学习融入了行动学习催化师的参与，学习目标也扩展到了对个人能力发展和问题解决的反思。经验流派和批判性反思流派相比其他两个流派，更能促进这种类型的学习。经验显示，若团队中缺少行动学习催化师对项目目标的强化，学习往往会被对任务的关注所主导。PSE&G和VNU的项目作为这一流派的案例，将在后续章节中讨论。阿兰·芒福德（Alan Mumford）的行动学习也属于这一流派，他认为行动学习项目的设计不仅要提升学习能力，还要在学会如何学习方面提供帮助。他与彼得·哈尼（Peter Honey）共同开发的学习风格问卷被很多采用这一流派的行动学习项目所采纳。

金字塔第四层的目标和成果不仅包括围绕任务的学习目标，还涵盖个人和组织文化变革的转化性学习。批判性反思流派提供了这种学习和文化变革的可能性。行动学习催化师在项目中创造安全的环境，使参与者能够自在地检视自己的经历、行为模式和心智模式。本书作者马席克和奥尼尔的行动学习研究和实践重点也集中在这个流派。我们认为，投入时间进行反思是非常有力的，而批判性反思因其直指问题根源而更为强大。通过这种反思，人们常常会对现有问题进行重构，因为人们揭示了隐藏的错误理念、规则和期望。

瑞林认为集体反思是行动学习影响力的核心。他提出了开发反思能力的几个原因：首先，管理者往往未意识到其行动的后果，因此无法改变这些后果。其次，缺乏反思，管理者难以弥合他们所支持的理念与实际行为之间的差距。再次，没有反思，由于工作方式的偏见导致的错误不易被发现和纠正。最后，新情境的出现要求对过去有效的思维方式进行重新审视，而反思在这一过程中至关重要。虽然个人反思有其益处，但没有交流，反思中的想法难以得到充分扩展。行动学习提供了一个质疑见解和进行对话的平台，有助于管理者重塑新思维。

康格（Conger）和本杰明（Benjamin）研究了很多行动学习项目，他们认为反思是行动学习的重要组成部分。然而，他们发现在很多项目中反思并不充分或不够深入。他们指出，在所研究的项目中，反思通常被安排在项目会议的最后一天，或仅在一次会议中进行，即在参与者汇报项目成果时。他们建议应该抓住"参与者在日常项目工作中进行学习和工作反思的机会"。这样，人们在每次会议中都能从所做的工作中学到更多。更重要的是，采用反思性实践的项目模式将帮助参与者在项目结束后回到工作岗位时，持续地应用和内化所学。

以下是我们对行动学习金字塔中四大流派的重点说明。鉴于项目假设和设计上的差异，我们认为批判性反思流派项目能够最大程度地促进组织和个人发展中的转化性学习。然而，实现这种转化性学习的效果也伴随着更高的风险,主要表现在缺乏标准化的模式和流程,这降低了项目的可控性。同时,学习者在其他流派设计的项目中,也可能体验到转化性学习。

成功实现转化性学习成果在很大程度上依赖于学习者对即将面临情况的准备程度、学习经验,以及组织对项目的准备程度和对学习者的支持程度。我们的研究表明,批判性反思行动学习项目对学习产出的要求更高,相应地也会产生更多的"噪声"和阻力。尽管如此,我们依然相信,与金字塔底部的项目相比,金字塔顶部的项目虽然难度更大,但能够为组织和个人带来更深刻和持久的改变。基于这样的分析,我们继续探讨下一章——确保结果:行动学习项目的协同设计。

第2章

确保结果：
行动学习项目的协同设计

学而不思则罔，思而不学则殆。

——孔子

最好的学习发生在真人真事和真实的生活中，而非教室里。

——查尔斯·汉迪

行动学习项目的协同设计指的是组织内部的行动学习催化师、组织中的人力资源或组织发展部门以及项目发起人共同参与设计的过程。这三方各自为行动学习项目的设计贡献独特的知识和支持。协同设计过程包含17个步骤，我们将在本章逐一讨论这些步骤，但需要注意的是，并非每个项目都必须应用这17个步骤的全部内容。

伯莱克斯的企业发展项目凸显了三个关键角色组在设计过程中参与的重要性。

伯莱克斯的企业发展项目

罗伯特·沃德　Leadership Bridge公司总裁

该项目由学习与领导力公司以及伯莱克斯的人力资源部、首席执行官和高层委员会成员共同发起。在项目发展过程中，出现了一些关键成功因素，这些因素是实现整体效益的必备条件。

第一个关键成功因素是首席执行官和高层委员会成员参与项目设计、参与者选择和项目启动等环节。团队成员全身心投入到他们自己修订的行动学习项目中，以充分理解项目运作方式，并以"言行一致"的方式关注领导力发展。首席执行官及高层委员会级别的支持为项目成功奠定了基础。

第二个关键成功因素是待解决的组织问题由首席执行官和高层委员会提出，并且他们也是参与者。选择组织问题的标准包括：（1）通常由高层决策的问题；（2）问题跨越组织的界限和功能；（3）复杂且无已知解决方案的问题；（4）在项目时间框架内可采取行动的问题；（5）大多数人不认同已有解决方案的问题。在高层选择和定义组织问题的讨论中，第五条标准尤为明显。选出对组织重要且有意义的"实时"难题是这一过程的最终目标。

同样重要的是项目参与者的选择。选择标准包括：最大化参与者背景、工作经验、年龄和性别的差异；具有较高领导潜质；在公司工作一年以上；非主题相关领域的专家。尽管在选择问题和参与者时引起了一些争论，但最终得到了整个高层委员会的认同。

第三个关键成功因素是在协同设计和团队项目时，人力资源部门负责人和学习与领导力公司所做的大量且有意义的前期准备工作。

什么是协同设计

大多数促进变化和发展的干预措施，是由组织内外部的行动学习催化师来实施并呼吁组织采取行动的。沙因（Edgar H. Schein）将这种方式称为"专业采购模型"（The Purchase of Expertise Model）。这意味着，组织内的人定义需求，并确定组织自身无法处理这个需求，因此寻求外部顾问来提供信息或服务。协同设计，特别是像行动学习这样具有巨大变革潜力的干预方法的协同设计，涉及的人员基本相同，但存在不少差异的动态性，如图3所示。

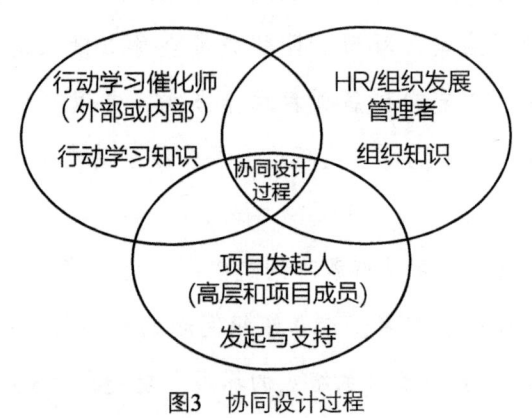

图3 协同设计过程

每个行动学习项目都应根据组织的需求和能力，进行独特的协同设计。所产生的设计必须既符合企业文化，又符合项目的议题和目标。行动学习旨在引领变革，有时甚至促进组织转型。在决定项目内容和实施方式时，组织内人力资源/组织发展人员和项目发起人的参与至关重要。这种参与使项目发起人能授予参与者一定权力，培养其主人翁意识，对项目成功至关重要。通过协同设计，行动学习催化师确保设计触及组织内部，非仅是突破点。

为了说明协同设计的重要性，让我们回到本章开头的伯莱克斯案例。沃德强调，项目成功的关键在于首席执行官及高管团队成员的早期和系统的参与。他们通过有意义的工作确保参与，这些角色及其工作包括：作为HR角色的有意义工作，以及作为行动学习催化师参与协同设计的努力。项目发起人的参与如何助力协同设计，使项目更易被接受并成功？VNU的开拓项目提供了例证。

VNU的开拓项目

霍利·奥格雷迪　VNU集团

2003年，尼尔森媒体研究公司的母公司VNU集团在北美业务区推出了培养新领导者的开拓项目。该项目与学习与领导力公司共同设计，旨在支持VNU集团的组织目标：拓宽未来高管对业务的理解，并在其职业生涯早期识别潜在领导者。行动学习对VNU集团而言是新方法，学习与领导力公司在确定设计过程中的关键因素，如项目时长、团队发展和行动学习催化师角色等方面发挥了重要作用。

截至2006年，已有三期开拓项目班完成。每期班有22名参与者，他们参与四个模块的学习，周期为9~12个月。参与者是根据其在业务单元中的领导能力和持续的高绩效纪录被提名的。虽然最终名单由业务领导批准，但人力资源领导者顾问委员会也提供了建议，确保每期班级中参与者的工作角色、地区和公司具有代表性。

行动学习被定位为项目的核心，因为它不仅使参与者在项目中深入了解VNU集团，还为参与者提供了一个平台，了解其领导风格。每位参与者都有机会引导团队会议，并对自己的项目贡献负责。

每个模块的议程都需要考虑以下因素：高管代表、与行动学习项目相关的其他专家代表，以及团队完成项目的时间。每个议程都是这些因素之间的平衡。每次会议还包括学习教练对团队的反馈、个人评估以及一对一教练。

在推出第一个项目前，VNU集团人力资源负责人提出了疑虑：议程中为团队会议分配了大量时间，但未说明团队如何有效使用这些时间。为解决这一疑惑，我们开发了工作手册，该手册作为指南，向参与者和其他人员介绍了项目中使用的行动学习流程和即时干预措施资源。手册的主要内容包括：

- 高效团队合作的基本规则。
- 行动规划循环（The Action Planning Cycle）。
- 团队工作与团队角色。
- 团队共识和决策工具。
- 开展调研访谈的指南。

PSE&G是一个突出的案例。该公司为推动组织转型和领导力发展，其行动学习项目经历了多个阶段。最初设计主要由外部催化师和内部人力资源部门完成。试点阶段后，人力资源部门和直线管理部门提供了大量信息，用于重新设计并建立支持该措施的企业流程。在外部催化师的有力支持下，高管对这项工作进行了指导。

PSE&G组建了一个咨询团队，成员来自组织内的不同部门，负责推荐项目并担任项目发起人。他们利用项目评估数据，规划项目的未来战略和发展方向，从而推动项目正式启动和运作。

为确保协同设计的有效性，必须进行协作。表4展示了协同设计过程中三方合作的一些方式。

表4　协同设计过程中的合作

公司	关键利益相关者	内部资源	外部行动学习催化师的角色
VNU	CEO 高级业务负责人 人力资源负责人	项目经理	与项目经理合作设计项目，以满足组织需求；与发起人合作，确定合适的行动学习项目；作为内部专家参加汇报会议
伯莱克斯	CEO 高层委员会	HR 总监	与项目经理合作设计项目，以适应组织需求；与发起人合作，确定合适的行动学习项目；联合 HR 总监为高层领导会议提供支持；作为内部专家参加汇报会议
PSE&G	副总裁 高层领导团队	组织发展总监	与项目经理合作设计项目，以适应组织需求；与发起人合作，确定合适的行动学习项目；作为内部专家参加汇报会议；联合组织发展总监为咨询团队提供支持

项目协同设计和实施包括哪些步骤

无论组织认为哪个流派更合适，在协同设计过程中都存在一些相似的步骤。有些步骤适用于多个流派，而有些步骤则仅适用于特定流派。表5展示了我们通常采用的协同设计步骤。表中列出了17个步骤，但并非所有步骤都需要同时使用，特别是在项目设计是基于团队项目还是个人项目时。接下来，我们将逐一进行分析。

表5　项目协同设计的步骤

1	获得高管的支持	
2	建立战略任务	
3	确定主要关注点	
4	确定项目模式（团队项目还是个人项目）	
5	确定行动学习催化师	
6	选择参与者	
	团队项目	个人项目
7	确定发起人	

续表

	团队项目	个人项目
8	选择项目	
9	确定项目时长	确定项目时长
10	协同设计以保证成功	协同设计以保证成功
11	确定"P"学习内容	确定"P"学习内容
12		选择个人项目
13	明确个人学习目标	明确个人学习目标
14	安排导入工作坊	
15	确保与HR系统协同一致	
16	实施推进	
17	协同评估项目成果	

第1步：为什么要取得高管的支持？如何获得这种支持？

第1步是确保高管的支持，这是许多学习和发展干预方法的共同要求。康格和本杰明的研究表明，高管的参与和支持至关重要。正如行动学习金字塔所述，行动学习在组织中产生的"噪声"既可以视为机会，也可能视为对现状的威胁。因此，行动学习项目可视为刺激变革的契机，围绕研讨的问题展开。同时，该项目也可能面临质疑和阻碍。与高管合作，获得他们的支持，对于应对潜在阻力和确保项目成功至关重要。

为了确保高管的支持，马奎特（Marquardt）建议回答如下问题：

- 高管是否支持行动学习？
- 高管是否了解行动学习带来的利益和期望？
- 高管是否会为行动学习小组提供时间和资源支持？
- 高管是否意识到并支持行动学习可能带来的潜在文化变革？
- 高管是否与潜在参与者及其上级管理者讨论了项目及其目标？
- 高管将如何对待行动学习小组的建议和行动？

获得高管支持的一种方法是利用高管研讨会（见表6）。通过此类研讨会，可以完成与组织高管沟通的重要步骤，让他们通过参与行动学习活动、讲座和讨论等方式了解行动学习。行动学习项目可能会在组织中产生"噪声"，因此，学习同行的成功经验对于了解高管何时应支持这类项目也非常有用。最后，这种会议可以让高管抽出时间来关注和反思如何在组织中推进行动学习项目。

表6　高管研讨会

第 1 天
行动学习概述
　　—项目流程介绍
　　—项目和成果范例等
与其他组织的高管研讨其在行动学习方面的经验
　　—预先确定兴趣/关注的问题领域
　　—可通过电话会议进行
以行动学习小组的方式研讨：如何在组织内推进行动学习？
　　—和催化师签订合同
　　—使用行动规划循环（见第3章）
　　—反思（见第3章）
第 2 天
继续以行动学习小组的方式进行
在适当项目上的即时学习，例如
　　—TALK模型（见第3章）
　　—决策工具
　　—对话

第2步：什么是战略任务？

第2步是建立战略任务（或组织面临的紧迫关键业务），正是这些战略任务（或关键业务）推动了行动学习项目的实施。尽管行动学习项目应与组织的人力资源系统保持一致，但它并不局限于一个人力资源项目。人才发展是行动学习项目的重要目标，但并非其唯一目标。行动学习旨在实现项目解决与人才发展之间的平衡，即在工作与学习之间找到平衡点，如图4所示。

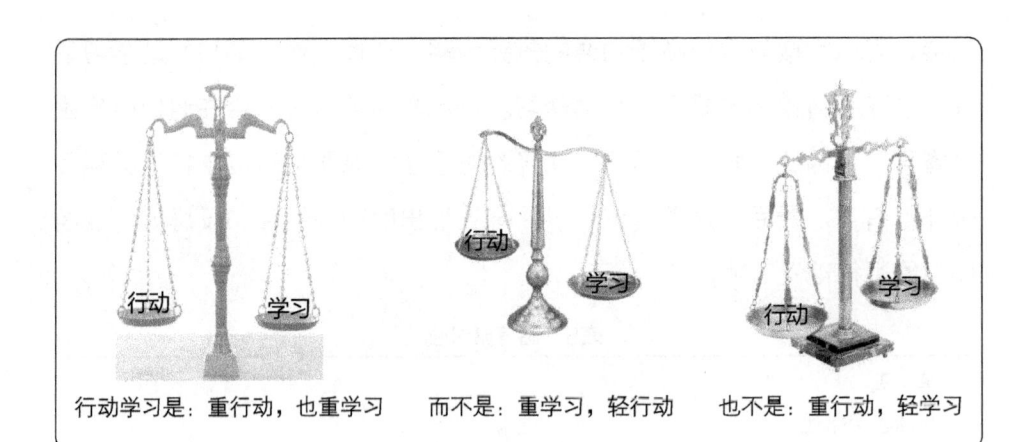

图4 平衡行动和学习

行动学习是：重行动，也重学习　　而不是：重学习，轻行动　　也不是：重行动，轻学习

关于战略任务的一些示例，请参照表7。

表7 战略任务

PSE&G	将组织从命令－控制的层级制组织转变为在竞争环境中取得成功的组织
VNU	未来的高管团队在其职业生涯早期就对业务全景有更广泛的理解，并识别潜在的领导者
辉瑞	组织需求包括： • 调整IT战略和组织结构，确保与辉瑞的公司战略相一致； • 在快速发展的商业环境中加速战略执行； • 加速高级IT人才领导力的开发； • 实现新医药团队与原辉瑞及前华纳－兰伯特团队的文化整合
通用电气	如何将公司文化从关注国内、工程师式思维转变为具有积极进取的全球化视野和商业思维
强生	重点包括： • 将人力资源视为竞争战略的一部分； • 在公司的优势业务上迅速传播公司战略； • 积极主动地了解不断变化的业务环境； • 加强公司的价值观和文化

理解项目的战略任务对于协同设计流程至关重要。丘博（Chubb）集团的领袖成长项目是战略任务如何影响行动学习项目设计的一个典型案例。

丘博集团的领袖成长项目

杰弗里·库恩 Leadership and Learning at Peer Insight公司副总裁

丘博集团的领袖成长项目是一个由三次研讨会构成的行动学习项目，专为丘博集团的高潜质副总裁和高级副总裁量身定制。项目聚焦于战略创新、有机增长（即收入增长源自内部）以及领导力突破三个关键领域。集团有一系列以增长和创新为目标的计划，而通过行动学习项目来构建集团级战略能力是这些计划的一部分。丘博集团的首席运营官担任该项目的执行发起人。

该项目由Growth Leaders公司的CEO杰弗里·库恩和丘博集团的领导力开发副总裁艾琳·马修斯共同设计并催化。库恩和马修斯也担任行动学习催化师，分别与两个项目团队合作。

丘博集团成立于1882年，是一家总部设在新泽西州的由家族运营的特种财产和意外伤害保险公司的控股公司。公司有12 000名员工，在美洲、欧洲和亚洲拥有约130个分支机构。其核心服务是，为中端市场商业客户和高净值个人客户提供现成和定制化的风险管理解决方案。集团旗下有三大核心战略业务单元：商业保险、专业保险和个人保险，年收入达130亿美元。

作为一家专业保险公司，丘博集团以差异化和价值增值为竞争基础。公司业务模式的竞争优势在于：在一个成熟且相对商品化的行业中，通过战略创新驱动有机增长，并保持健康的利润空间。

该项目的基本假设是：成长中的领导者将对业务有全新的视角。他们将用更广阔的视野审视市场，构想新的客户价值来源，从而推动新业务的诞生和收入来源的扩展。

因此，该项目旨在培养这样一支领导者队伍：他们能够通过新业务、新产品、新客户和新市场来构思新的客户价值来源，并创造新的收入流。

项目的使命是双重的，既致力于领导力的发展，也致力于对业务产生积极影响。项目的目标包括：

☐ 培养战略领导力，涵盖商业洞察、战略思维和引领变革的能力；

☐ 在丘博集团的高潜质SVP和VP层领导者中，围绕创新和有机增长这两个主题，培养他们的共同语言、思维方式和工作流程；

☐ 为组织引入新思维，催生新的商业模式、新的客户价值来源和新的收入来源。

丘博集团的领袖成长模型见图5。

图5　丘博集团的领袖成长模型

战略任务直接影响协同设计过程中的多个方面。例如，项目的主要关注点是组织变革还是个人发展——PSE&G项目侧重于组织变革，而VNU的开拓项目侧重于通过团队工作促进个人发展。正如下一步将要介绍的，在协同设计过程中，战略任务将对以下事项提供指导：

- 项目性质——正如下文将讨论的，团队项目影响组织变革，个人项目影响个人发展；

- 参与者的选择；

- 团队项目的选择，以及包括在项目中的"P"学习内容的选择。

接下来，我们将首先探讨如何在关注个人发展或组织发展之间做出选择，这对应于协同设计流程的第3步和第4步。

第3~4步：关注组织发展还是个人发展？选择团队项目（单项目）还是个人项目（多项目）？

项目的战略任务决定了项目的重点在于个人发展还是组织发展（第3步）。一旦做出这个决定，接下来就要进行团队项目或个人项目的选择（第4步）。如前所述，团队项目通常适用于推动组织变革，而个人项目则有助于个人发展。但这并非选择的唯一依据，因为无论是团队项目还是个人项目，在大多数流派中都适用，并且它们之间存在许多相似之处。此外，还需要考虑其他问题，具体请参见表8。

表8　团队项目vs个人项目

团队项目	个人项目
问题标准 • 团队中每个人都认为有意义的实际工作 • 跨领域/职能的复杂问题 • 没有解决方案的问题 • 大多数人对现有解决方案不认同 • 发起人对项目成果关注并愿意提供支持	问题标准 • 参与者的真实工作 • 没有人知道问题的答案，并且困扰着参与者本人 • 大多数人对现有解决方案不认同 • 发起人/管理者对成果关注并愿意提供支持
优势 • 更多关注组织变革 • 有机会与跨职能团队一起工作 • 经常有机会参观其他地区的公司 • 项目对组织有较重大的潜在影响	优势 • 更多关注个人发展 • 参与者关注其正在处理的问题 • 如果是不熟悉的团队，就会有团队建设活动 • 如果团队是跨职能团队，就会有机会深入了解公司的其他部分 • 解决方案易于执行
劣势 • 缺少像工作团队那样进行团队建设的机会 • 参与者可能认为这个项目不是真正的工作，而是为项目本身而创建的	劣势 • 缺少与跨职能团队一起研讨组织问题的机会 • 将时间分配给几个不同的问题，而不是专注于一个问题

从表8中可见，选择个人或团队项目的一些标准具有共性，但要做出最终决定，还需要权衡各自的优势和劣势。每个流派都可以选择团队项目，然而在批判性反思流派和绩效流派中，团队项目更为常见。同样，每个流派也都可以涉及个人项目，但在绩效流派中，选择个人项目的情况较为少见，通常偏向于团队项目，且这些团队项目往往是由高层领导发起的。

第5步：需要用行动学习催化师吗？

行动学习催化师这个角色在部分行动学习文献中存在争议。从协同设计的角度来看，尽早确定是否引入以及如何运用催化师（第5步）至关重要，因为这个角色将对后续的协同设计决策产生深远影响，包括发起人角色、项目周期、"P"学习内容、团队工作流程以及个人学习目标等方面。行动学习催化师的作用将在本章及第3章的多个案例中进行阐释。关于是否采用行动学习催化师以及如何选择催化师的讨论，将在第4章中进一步详细阐述。

第6步：谁参加行动学习项目？

在选择团队项目或个人项目时，存在一些指导性标准来选择参与者，这属于协同设计步骤的第6步。瑞文斯将参与者描述为"逆境中的盟友"（comrades in adversity），而芒福德则称之为"机会中的伙伴"（fellows in opportunity）。选择参与者首先应基于项目的战略意图。例如，格蕾斯可可（Grace Cocoa）公司的行动学习项目旨在构建一个全球性组织，其参与者均为高管。在PSE&G，行动学习项目的目标是培养各级管理者在竞争环境中的运作能力，参与者由高层从主管中挑选，必要时还包括商务谈判部门的员工。

一旦确定参与者类型后，就可以组建项目团队了。鉴于参与者的专业方向和经验各异，团队组建应尽可能多样化，这有助于加强学习，打破思维定式，使解决方案更具创造性。多样性组合涉及背景、工作经验、年龄、性别、国籍以及已知的学习风格和个性差异。在选择参与者时，应基于系统思考，避免仅考虑与项目直接相关的专家，以防出现瑞文斯所警告的"专家解决方案"现象，即团队成员过分依赖专家提供解决方案，而非自行学习和寻找创新性的解决方案。

考虑多样性组合的重要性，可以参考伯莱克斯的案例。

伯莱克斯的企业发展项目

罗伯特·沃德　Leadership Bridge公司总裁

项目参与者的选择至关重要，选择时应充分考虑其在背景、工作经验、年龄、性别等方面的多样性，同时评估他们在领导力方面的发展潜质，是否已加入公司超过一年，并且他们不应是本项目的专家。重要的是，参与者的选择不应仅由人力资源部门负责，高管在这一过程中的参与和在项目实施过程中的参与同等重要，因为高管的视角与人力资源专业人士不同。尽管需要遵循大多数选择标准，但对"高潜力"的界定因人而异。最终，大多数入选的参与者既符合人力资源部门关于高潜力的标准，也有基于高管选择的个例。这种基于直觉的选择不容忽视，至少通过这种方式选出的参与者，其职业成长速度有望加快。

关于参与者的选择，需要牢记以下三点：第一，每组人数不超过7人，5~6人较为理想。考虑到群队动力学和时间因素，若每组超过6人，将不利于学习和对组织问题的深入研讨。第二，至少应有两个组，这有助于在项目的不同阶段进行相互评价和反馈。第三，在参与者的选拔过程中，人力资源部门的角色是协助高管。虽然人力资源部门提供了入围标准，但最终选择权应交给高管（或高管团队）。因为一旦对项目和参与者的筛选出现争议，高管（或高管团队）将亲自解决。在这方面投入时间是值得的。

英维思（Invensys）是一家全球性的工程公司，它与学习与领导力公司共同设计了"领导力在行动"（Leadship in Action）项目。在选择参与者的过程中，我们采用了多样性方法，包括考察参与者的外部组织背景，以确保经验的多元化。

英维思的"领导力在行动"项目

凯特·霍普夫纳·卡勒　KHK人力资本咨询

英维思是一家市值2.5亿美元的全球性工程公司，总部位于英国伦敦。公司首席执行官特别强调全球领导者的培养，将其视为战略业务转型的关键部分。为确保这一长期战略的实施，我们确立了一个领导者生命周期管理体系，旨在识别、评估、培养和评价未来的领导者。具体而言，这意味着领导者在职业生涯的不同阶段将获得定制的发展机会，以帮助他们顺利度过职业转型期。此外，面对激烈的人才竞争，为了吸引并确保人才相信他们选择了正确的公司，英维思需要加快人才发展的步伐。关注关键人才是领导者生命周期管理体系的重要组成部分，关键人才指的是具有进入高层领导职位潜力的高潜质人才。"领导力在行动"项目正是基于行动学习理念设计的。

第一个"领导力在行动"项目由两个团队组成，每个团队包括7位关键人才，项目为期6个月。选择团队成员时，我们追求高度多样性，这个全球化团队的多样性选择标准包括：

- 在人才评价（继任计划）中被确认为关键人才。
- 在英维思内部和外部具有多样性经验和背景。
- 性别、种族、年龄和国籍的多元化组合。
- 跨越所有业务领域。

参与者的最终名单将提交给学习与发展VP、人力资源SVP和首席执行官进行审批。

理想的团队规模为5~7位参与者，这不仅能提供多样化的视角，还能确保每位成员充分参与。在团队项目中，这一规模有助于形成丰富的团队动力。而在个人项目中，每位参与者在单日会议中将有更充足的时间来探讨自己的问题。

在选择参与者时，需要考虑的最后一个问题是他们是否自愿参与项目。许多行动学习实践者主张参与者应当是自愿的。有些项目会通过导入会议向潜在参与者介绍行动学习的流程，我们之后将提供这类会议的案例。然而，在组织采取发展或变革措施时，自愿参与的理念可能会遇到挑战，有些人可能需要被要求参与行动学习。在这种情况下，设计项目时必须考虑到可能的不确定性和阻力。

PSE&G项目旨在帮助所有管理者改变工作方式，因此该组织决定不采用自愿参与的方式。在该项目中，发起人为完成项目及确保参与者从项目中学习提供了强有力的支持。发起人选定参与者，并提前通过电话向每位参与者解释为何选择他们，以及他们应为团队带来何种价值。在电话沟通以及整个项目过程中，他们强调了完成任务和从中学习的重要性。

通常情况下，非自愿性项目是针对组织变革和管理发展中的特定需求而发起的。如果某人被排除在这类以战略任务为核心的项目之外，他可能会认为自己遭遇了职业发展的限制。因此，只要项目由组织发起并得到高管的坚定支持，参与者通常期望自己能够被选中。

一旦确定参与者，明确设定个人与组织的期望就变得至关重要。组织需要决定参与者将如何投入项目：

- 是否全职投入项目；
- 是否将部分时间投入项目，同时保持部分时间用于日常工作，这通常意味着需要将工作中的某些职责委派给他人；
- 是否在全职工作的同时参与项目。

基于这一决定，参与者及其管理者需要明确参与者的时间承诺以及组织将提供的支持类型。

第7步：谁是真正的发起人？

协同设计过程中的第7步是招募和准备发起人。发起人可能参与以个人问题为重点的项目，但在以团队问题为重点的项目中，他们的参与更多。对于团队项目，通常有一位团队之外的高级经理或高管负责为项目提供支持，促进参与者的学习，以及推动团队研讨成果的执行。发起人的角色将在下一章进行讨论，而PSE&G的LIRW项目是一个很好的参考模式。

LIRW项目的发起人首先从组织的高层领导团队中选出。作为发起人，他们与协同设计团队和催化师合作，选择参与者，为参与者提供支持，并在个人发展方面获得帮助和反馈。整个高层领导团队成员都参加了每一个LIRW项目的最后一次会议，以显示他们对正在进行的学习和提出的项目建议的兴趣和支持。随着组织中较低层级的高管完成LIRW项目，发起人本身也实现了进一步的发展。

选择或招募发起人有多种方式。在沃尔沃卡车公司，过去和现在的高管团队成员都参与了项目的协同设计，包括最终选择项目发起人（他们被称为"主人"），并向发起人匹配适当的项目，以推动该公司成为一个全球性的学习型组织。

VNU的开拓项目展示了发起人的另一个价值——确保组织对项目的支持，并找到一种方式，帮助亚洲发起人在行动学习项目中发挥重要作用。

VNU的开拓项目

霍利·奥格雷迪　VNU集团

VNU的开拓项目的发起人直接向业务单元总裁汇报，或向总裁的直接下属汇报。高管的参与对项目和参与者极为有利。鉴于这些高管在组织内拥有一定的影响力，他们的积极参与有助于激发对项目的兴趣，并为未来项目招募其他领导者提供支持。由于他们的职位和内部人际网络的优势，他们能够协助参与者接触其他领导者，提高组织对项目成果的关注。

在第一个项目中，第一批发起人由人力资源负责人和业务负责人挑选，而在后续的项目中，发起人则由同事推荐。在最后一个项目中，我们还特别从区域领导力项目中邀请了一位发起人加入。

在第一个项目中，担任发起人角色的高管起初对参与持怀疑态度，部分原因是他们对行动学习的理念不够熟悉。同时，他们对所需时间的承诺也有所顾虑。为解决这些顾虑，我们提供了一个简短的概述，明确了他们的角色，并给出了一个概览表。在随后的项目中，我们通过一个简短的定向电话会议，回顾了他们的角色，并鼓励他们思考可能成为合适研讨项目的业务问题。

正如PSE&G和辉瑞公司的案例所示，发起人的角色可以由已经参与过行动学习项目的高管来担任。然而，并非所有发起人都具备这样的经历。潜在的发起人可以通过以下方式了解行动学习：

- 对角色进行简要介绍；
- 与行动学习催化师签订个人发展合约；
- 参加专门设计的工作坊。

有关工作坊的案例，请参阅表9。

表9　发起人研讨工作坊

导入
• 行动学习催化师
• 潜在发起人
• 高管团队的其他成员
催化师、潜在发起人以及高管团队成员将共同签订参与当天活动的合约
发起人的作用
• 浮现并挑战假设
• 回顾并改编最佳实践

续表

利用提出的项目向第一位发起人展示行动学习过程
- 通过提出挑战性问题，加深对团队问题/战略任务的理解
- 浮现并挑战团队项目/任务的假设

反思

午餐

利用提出的项目向第二位发起人展示行动学习过程
- 通过提出挑战性问题，加深对团队问题/战略任务的理解
- 浮现并挑战团队项目/任务的假设

反思

有关项目设计的问答

最后的对话

第8步：如何选择行动学习小组项目？

第8步是选择团队项目。在非团队项目中，个人问题的挑选可以在其他决策确定之前暂缓，而团队项目则需要更多的规划、讨论以及利益相关者的一致认同。

正如前面所讨论的，不同流派都可以选择团队项目。

无论采用哪个流派来指导项目设计，团队项目的选择都应遵循一定标准。项目应由高层领导选择，以加强高层领导对项目的支持。在设计过程中，如果项目是由发起人选择的，那么也必须得到高层领导的批准。项目应与组织的战略任务、业务规划战略或组织目标相联系。因此，项目不仅要对组织具有意义，同时也要对团队中的每个成员具有意义。在PSE&G的试点项目之后，高层领导团队决定，所有项目都应根据实际业务规划的需求来运作。然而，康格和本杰明发现，项目既要关注学习，又要关注业务的迫切性，这一点至关重要。

对于大多数项目，尤其是全球性项目，它们应该是复杂且跨职能的，能够让参与者接触到组织的其他部分。在确定项目时，要确保团队在项目

进行期间能够采取行动。一些行动学习的倡导者认为，所选择的项目若能为组织带来利润，行动学习项目就可以为自己买单了。

在一个旨在实现组织变革和转型的项目中（通常按照经验或批判性反思流派的理念进行协同设计），项目应该是复杂的，没有明显或已知的解决方案。墨守成规的人可能不会同意相关的解决方案，因此参与者需要跳出传统思维，寻找不同的解决问题的途径。根据项目的目标和战略任务，这些标准同样适用于科学或绩效流派的设计。

丘博集团的领袖成长项目直接与战略任务相连，并且是那些没有现成解决方案的复杂项目。

丘博集团的领袖成长项目

杰弗里·库恩　Leadership and Learning at Peer Insight公司副总裁

该项目包含一个综合成长项目，即行动学习项目——通过制定新增长引擎的战略蓝图和实施路线图，为参与者提供一个掌握创新和有机增长原则的平台。该项目着重识别和开发有机增长的新来源，涉及从核心业务增长到相邻业务增长，再到新企业增长的各个领域。因此，这是一个以机会为导向（而非仅针对问题解决）的行动学习项目。

该项目包含四个增长业务：

1. 丘博集团个人保险（CPI）：利用婴儿潮一代的退休潮

CPI团队的任务是研究美国婴儿潮一代的独特特征、客户需求和市场潜力，并开发具有品牌差异化的产品组合，以满足这些客户的特殊需求。

2. 丘博集团个人保险（CPI）：扩大产品范围

第二个CPI团队的任务是进行市场分析，确定辅助或相邻产品（包括专有和第三方产品），以补充和加强CPI的核心业务，提升全面的客户体验，扩展市场足迹，并为保持市场领导地位和持续的收入增长提供平台。

3. 丘博集团商业保险（CCI）：确定新的客户群体

CCI团队的任务是对外部环境进行扫描，识别新的客户群体，这将是推动CCI持续增长的关键因素。

4. 丘博集团专业保险（CSI）：在小型商业领域取得成功

CSI团队的任务是在私营小企业领域开发一种突破性策略，以访问市场、创造需求，并加速客户盈利收入的增长。

在某些项目中，团队执行解决方案至关重要，而在其他项目中，则需要向发起人提出建议，由组织内的其他成员来实施解决方案。有时，其他成员在实施过程中也需要行动学习小组的帮助和支持。行动学习小组的工作通常以提问的方式开启项目。

符合标准的项目提问方式请见表10中的案例。

表10 有效的项目提问方式

PSE&G	我们如何在标识领域利用电力的协同效应（例如，进行哪些工作标识）？ 我们如何能减少10%~20%的高架工程和建设的单位成本？ 在我们的生活和服务的社区，配电能发挥何种作用？
伯莱克斯	为了满足未来增长的需求，我们如何确保有愿意承担领导职位的人才储备？ 我们如何在最大化净销售额的同时提高毛利率与净利率之比？
英维思	在墨西哥，我们如何围绕市场需求来组织资源？
沃尔沃卡车公司	对于意外停车（卡车意外停在马路上），我们能采取哪些措施？

项目选择时还需考虑的另一因素是评估参与者对所选项目领域的熟悉程度。这种评估被称为"交互选项"，也可视为项目设计的一部分。

研究指出，项目的目标和预期成果应尽可能具体明确。因此，在某些项目中，发起人制定了一些标准来衡量项目及团队学习的成功，以指导团队的工作。这些标准强调了解决问题与从解决问题的过程中学习具有同等重要性，且这些标准及项目均可由团队提出质疑和挑战。以下是一些项目标准的例子。

项目成功的标准

- 调查和开展外部研究。
- 确定所需的资源。
- 提出并启动一个团队所有成员都支持和承诺的项目。
- 确定最有效的联系机制,以确保对相关跨部门数据的有效收集和分析。
- 理解组织和个人改变的障碍和阻力,以便采取有效措施克服项目可能遇到的障碍和阻力。
- 理解相关建议在公司内所产生的法律影响。

学习成功的标准

- 建立一个跨部门的开放和信任的环境。
- 学习和体现系统思考和规划。
- 学习如何以虚拟团队的方式来运作。

在VNU的开拓项目中,根据组织的需求,项目选择过程在三个项目的整个周期内持续得到优化。随着发起人对行动学习过程及其角色有了更深入的理解,他们能够更精准地为所选择的项目制定期望达成的标准。

VNU的开拓项目

霍利·奥格雷迪　VNU集团

在第一堂课上,HR负责人要求项目的核心是提高VNU业务部门协同工作的效率。鉴于业务需求,该项目的主题确实是一个持续存在的难题。在随后的项目中,项目更加关注特定业务单元的问题,而非整个企业范围内的问题。这种转变的部分原因是项目需要在较短时间内完成,而宽泛的开放式问题在短时间内解决是不切实际的。此外,更具体的项目更容易解决,因为发起人更容易根据团队提出的建议采取行动,从而使参与者能够看到他们的建议是如何被采纳和应用的。

在指导发起人如何选择项目时，我们要求他们考虑那些没有现成答案的问题。在某些情况下，这一标准具有挑战性，因为许多高管之所以在职业生涯中取得成功，是因为他们能够找到这些难题的解决方案。然而，有一位坚定的发起人明白，如果他不分享自己的观点，他和他的组织将更加受益。尽管他完全支持团队，但他不能加入个人见解，只有在项目结束时，他才能与团队分享自己的看法。根据我的经验，能够做到自我克制的发起人并不多。在项目初期，我们给予发起人的主要反馈是请他们不要分享自己对项目和产出的观点和建议。特别是在项目早期，团队成员往往会很快选择他们认为发起人想要的答案。幸运的是，大多数发起人都会接受我们的建议。在项目结束时，他们会发现所开展的工作远远超出了他们最初的预期。

一旦项目确定，我们就会协助发起人以提问的方式提出难题，并建议项目需要满足的标准。更重要的是，我们此时的作用是建议将学习标准也纳入考虑。我们会就学习标准给发起人一些建议，包括以下几点：

- 每个团队成员积极参与并平等贡献；
- 学习和展现如何提供开放和坦诚的反馈；
- 学习和展现如何通过反思来改进团队成果；
- 如何在调研过程中有效合作；
- 在完成项目的过程中，如何将所学应用到实际工作中。

起初，一些发起人将学习标准视为软技能要求，对其持保留态度，但最终同意将其纳入项目成果之中。然而，部分发起人提出了关于变革管理的问题。基于这些讨论，我们建议他们也将其他能够提升参与者应对变革能力的标准纳入考量。以下是发起人提出的一些学习标准案例：

- 学习并运用组织和个人影响力，确保项目建议得到采纳；
- 学会处理和协调来自高层领导的不同观点。

第9步：行动学习项目应该持续多长时间？

在协同设计的第7步和第8步中，重点始终放在团队项目上。第9步是确定项目时长，这一步既适用于团队项目，也适用于个人项目。项目时长因不同流派而异，还需要考虑解决项目所需的时间和组织能力之间的平衡。组织能力包括组织对行动学习计划的准备程度以及支持并执行该计划所需的能力。

不同行动学习项目在时间周期设计上存在显著差异。在一些设计中，参与者在几个月的课程中每次会面一天。在其他设计中，团队可能在连续几个月的项目期间每次会面多天；还有一些设计中，团队可能会面多天，但仅有一次会面机会。表11~表14提供了第1章讨论的每个流派的项目设计案例。

辉瑞公司的绩效领导力项目具有绩效流派的特征，其战略任务包括与组织战略的协同和融入现有文化，这一任务结合了金字塔层级1的关键要素和领导技能的开发（见表11）。团队集中在一起，持续3~4个月来解决关键的业务问题，提出具体且结构性的建议，并且一些项目得到了推进和实施。他们得到了内外部催化师的帮助，这些催化师协助团队完成项目研讨和发展领导力。

表12中的通用电气公司的项目可以被视为科学流派的项目，学习目标强调问题的重构。参与者选择或被指定去研讨客户或发起人提出的个人项目/团队项目。他们在7~9个月的时间里全职解决并实施负责的项目。这些行动学习小组得到了来自内外部催化师的协助。

表11 绩效流派的项目设计

辉瑞公司的绩效领导力项目

时间	内容
3天	启动工作坊 • 团队介绍与项目分配 • 团队建设，目的是快速培养成功的团队动力 • 明确项目范围 • 提供围绕辉瑞公司内部和外部最佳实践的教育机会 • 确定团队角色定位 • 初步安排计划会议和流程，目的是为中期工作坊做好准备

续表

时间	内容
	临时团队会议
2~3 天	中期工作坊 • 介绍项目建议背后的假设 • 收集发起人和其他团队的反馈 • 进行利益相关者管理培训 • 进行团队间的激烈反馈，包括对团队成员的强制排名 • 确定最终的项目范围，包括可交付成果 • 明确行动计划，为最终工作坊做好准备 • 提出关键信息，并就团队成员对项目和领导力开发情况的学习点（teachable points-of-view）进行交流
	临时团队会议
1 天	承诺工作坊 • 团队建议的简明介绍（请在会前完整阅读所分发的材料，以便他人理解团队的建议） • 各团队展示本组如何成功进行利益相关者管理 • 提出对团队建议起到支持作用的清晰商业案例 • 高管做出明确的决定，包括对建议的明确接受、拒绝或修订，并为项目成果确定足够的资源分配 • 进行另一轮严肃的团队对团队的反馈，以及团队两两之间的反馈，包括对发起人和整个绩效领导力项目高层所有者的反馈 • 交流关键信息以及每一位团队成员和发起人的学习点

表12　科学流派的项目设计
通用电气公司的项目

时间	内容
10 月	在 Dunchuch 职业学院召开的外派脱产会议 • 两周半 • 正规的班级 • 在行动学习小组中开展个人项目的研讨
11—次年 1 月	全职解决问题 • 诊断阶段 • 每周 4 天在客户（发起人）处工作 • 1 天的行动学习小组工作

续表

时间	内容
2月	在 Dunchuch 职业学院召开的外派脱产会议 • 一周
3—5月	全职解决问题 • 执行阶段 • 每周4天在客户（发起人）处或自己的公司工作 • 1天的行动学习小组工作

表13中的"领导力就是实际工作"（LIRW）项目是按照经验流派设计的，因此重点在于通过设定个人学习目标并致力于实现这些目标来促进个人发展。关于个人学习目标，我们将在后续章节中进行介绍。每个团队都面临一个组织层面的项目，每位参与者也都有自己的学习目标。与持续时间更长的科学流派项目相比，这类项目的持续时间仅为6周，学习者以兼职形式参与，而非全职。每组都配备了行动学习催化师，他们运用干预计划和即时学习的方法，协助参与者掌握学习方法。整个会议过程中都贯穿着反思环节。

表13 经验流派的项目设计
PSE&G的"领导力就是实际工作"项目

时间	内容
第1周 半天	导入 • 高层领导开场 • 行动学习是什么 • 发起人陈述项目 • 前期参与者专家团队 • 行动学习小组会议：相互介绍和建立规则
第2周 2天	快速启动会议 • 行动学习小组召开会议，重点在于项目工作的开展 • 发起人面见团队 • 行动学习小组召开关于个人学习目标的会议 • 即时学习会议 　□ 反馈 • "P"学习内容 　□ 学习风格

续表

时间	内容
	项目及个人学习目标的期间工作
第4周 2天	期间会议 • 行动学习小组召开会议，重点在于项目工作的开展 • 发起人与团队召开面对面会议 • 行动学习小组召开关于个人学习目标的会议 • 即时学习会议 　□ TALK 模型 • "P" 学习内容 　□ 冲突管理
	项目及个人学习目标的期间工作
第6周 2天	最后一次会议 • 行动学习小组召开会议，重点在于项目工作的开展 • 行动学习小组召开关于个人学习目标的会议 • 即时学习会议 • 向发起人和高层领导团队汇报项目成果

表14展示的是伯莱克斯的企业发展项目，该项目按照批判性反思流派设计，重点在于个人和组织的变革。在实现参与者个人学习目标的过程中，项目特别强调批判性质疑和自我意识的提升。对话以及其他"P"学习内容主要关注组织变革。与经验流派项目类似，每个团队面对一个组织层面的项目，每位参与者设定自己的学习目标，并且每个团队都配备一名催化师。反思和批判性反思在整个会议过程中持续进行。

表14 批判性反思流派的项目设计
伯莱克斯的企业发展项目

时间	内容
第1个月 3天	**首席执行官和发起人开场** 发起人介绍项目 行动学习小组会议 • 介绍和规范项目工作 • 关注项目工作 发起人与团队会面 行动学习小组会议

续表

时间	内容
第1个月 3天	• 回顾360度反馈 • 关注个人学习目标 即时学习会议 • 会议管理 • 反馈 白天和晚上的"P"学习内容 • 迈尔斯-布里格斯类型指标（MBTI）分析 • 影响力提升 社区团队建设课程 反思性对话
	项目及个人学习目标的期间工作
第2个月 1天	"P"学习内容 行动学习小组会议 • 关注项目进展 • 关注个人学习目标 即时学习会议 反思性对话
	项目及个人学习目标的期间工作
第3个月 1天	行动学习小组会议 • 关注项目进展 • 关注个人学习目标 团队建设会议
	项目及个人学习目标的期间工作
第4个月 1天	行动学习小组会议 • 关注项目进展 • 向首席执行官和发起人汇报最新进展情况 反思性对话
	项目及个人学习目标的期间工作
第5个月 1天	行动学习小组会议 • 关注项目进展 • 关注个人学习目标 反思性对话

续表

时间	内容
	项目及个人学习目标的期间工作
第6个月 2天	行动学习小组会议 • 关注项目进展 • 关注个人学习目标 • 团队评估 向首席执行官和发起人汇报 反思性对话

尽管不同项目的总时长和会议间隔天数各不相同，但研究表明，团队需要定期会面以确保过程的连续性。麦可那玛若（McNamara）发现，如果团队不能至少每月会面一次，参与者往往会失去动力和相互间的信任。PSE&G的评估数据显示，团队每次会议应连续召开两天，以便既能解决项目问题，又能处理个人发展问题。

团队工作的连续性对于四个流派都非常重要，特别是对于经验流派和批判性反思流派。原因有两个：首先，会议的连续性能够为采取行动留出时间，从而产生行动和反思的循环。其次，如第4章将进一步讨论的，大多数行动学习催化师尝试将其技能赋能给团队，而掌握一些催化技术需要较长时间。当项目有几个月的时间跨度，或需要全职参与时（如许多科学流派的设计），催化师会逐步退出。

这些时间需求似乎与组织面临的压力相反，即培训时间短，解决问题的时间有限。在所有条件相同的情况下，任何项目都必须在不牺牲效能的前提下，尽可能高效地利用时间和资源。然而，在考虑行动学习的时间需求时，有两个因素必须记住：第一，行动学习项目通常旨在多维度深入发展，并同时解决复杂问题。它们不用于解决那些虽然重要但常规的问题。这种水平的发展和问题解决不可能在短时间内有效实现。在实践中，行动学习项目解决的许多问题极具挑战性，是组织一直无法通过其他方式解决的。第二，行动学习的目的通常既包括问题解决，也包括人才发展。同时满足这两种需求比单独实现其中任何一种都要复杂。行动学习需要时间和资源的投入来处理这种复杂性，因为它是一种非常有效的同时实现两个目标的手段。

第10步：行动学习项目获得成功的策略是什么？

最能助力行动学习项目成功的策略和做法（第10步），应当是与所选择的流派相符的策略和做法，同时也能够实现项目的核心关注点。表15展示了如何做出与流派相关的选择。

表15 四个流派的实施策略

流　派	组　织	策　略
绩效流派	辉瑞	加速发展团队动能的团队建设
科学流派	通用电气	全职完成项目，允许使用 α、β 和 γ 系统
经验流派	PSE&G	持续使用反思促进学习循环
批判性反思流派	英维思	质疑性洞察流程，给参与者提供挑战和支持

若焦点集中在个人发展上，协同设计应涵盖帮助学习者实现个人学习目标或建立给予和接受反馈的循环过程。若重点在于组织变革，协同设计则需协助团队挑战组织的规范和假设。第3章将进一步讨论这些实践做法。

第11步：什么是"P"学习内容？

协同设计过程中的第11步是确定适当的"P"学习内容。所有的程序性"P"学习内容都是基于所选择的流派及组织期望项目达到的结果来决定的。"P"学习内容通常在协同设计阶段确定，但也可能在项目实施过程中引入，因为对某些类型的内容输入需求可能逐渐变得明确，或者参与者可能会提出一些特定的需求。表11至表14提供了不同流派"P"学习内容设计的一些示例。

在绩效流派的项目中，包括"P"学习内容，如支持项目的基准学习和利益相关者管理，以及帮助团队和个人发展的团队建设技巧和"可教导的观点"。

科学流派的案例中，学院举办的脱产集中会议包括由学院教师或外部专家讲授的预先设定课程。

经验流派也提供了这类学习的案例，如学习风格评估和冲突管理的讲座，基于即时学习的专业表格和提供反馈的方法等。在批判性反思流派的伯莱克斯的企业发展项目中，通过讲座和表格工具的形式，向参与者提供了MBTI及其影响；在项目团队会议期间，则提供了会议管理和反馈的方法。由于伯莱克斯的企业发展项目的时间比LIRW项目稍长，行动学习催化师有机会识别"P"学习内容的学习机会，参与者也有机会提出事先未设计的"P"学习内容，如战略学习。

第12步：参与者如何选择个人项目？

如前所述，个人项目在任何流派的行动学习项目中均可应用，尤其在经验流派和科学流派中最为普遍。当参与者面临自己的问题时，他们更专注于个人发展，并有更大的机会执行解决方案。在项目重点为个人项目时，参与者选择个人项目是协同设计流程的第12步。

许多适用于团队项目的标准也适用于个人项目，尤其是以下几点：

- 这些问题应与项目的战略任务或组织的战略目标相关联。
- 选择那些参与者一直在努力解决的问题，即那些复杂的问题，且多数人对现有解决方案不认同。
- 在项目期间能够对确定的问题采取行动。

尽管这些问题通常由参与者决定，但他们往往会与高管讨论。有时，参与者的管理者可能成为问题的发起人。虽然参与者通常带着对问题的想法进入项目，在第一次团队会议上，问题通常会得到进一步澄清。为指导他们事先准备，可以使用问题澄清表（见表16）。这个表帮助参与者从不同角度审视和反思问题，表中的标准可以根据整个协同设计流程中确定的需求进行调整。参与者在首次向团队介绍问题时，应填写完整的表格。

表16　问题澄清表

问题澄清表

1. 确定你目前工作中最紧迫的问题，并符合以下标准：
- 这是一个你一直苦苦思索却没有解决方案的问题；
- 这是一个复杂的问题，没有明显或已知的解决方案；
- 大多数人会对问题的解决方案产生分歧；
- 这个问题超出了你的工作范围。

以问题的形式陈述你的问题。

2. 这个问题的背景是什么？导致问题发生的重大事件是什么？你已经尝试过哪些解决方案？效果如何？

3. 谁是主要利益相关者？你的角色是什么？

4. 在找到解决方案时，你必须考虑哪些障碍（如时间、资源、态度、政治、个性、组织结构等）？

参与者在项目中提出的一些问题示例，请见表17。

表17　个人问题示例

全球制药组织	如何改变销售和市场营销的文化（从告知型销售转变为对话型销售，因为我们失去了专利）并且加速各层级管理者的支持和认同？ 我们如何成为 X 国家的首选雇主？ 如何让 X 部门接受财务分析在决策中的价值？
全球金融组织	我如何识别并准备足够数量的催化师？ 我如何从项目中顺利过渡，并对此感到满意？ 我如何最好地处理与上司和她老板之间的紧张关系？
其他示例	如何重组生产线？ 如何提升一家小型工程公司的利润？ 如何将管理风格从指令型变为催化型？

第13步：团队项目或个人项目与个人学习目标的区别是什么？

在协同设计工作中，如果确定需要更多强调个人发展方面的需求，则可以选择设定个人学习目标。这是协同设计流程的第13步。个人学习目标是参与者选择的一个行为和态度，他们通常在管理者和行动学习催化师的协助下进行选择，并在行动学习项目中与团队一起努力实现这个目标。虽然这个目标既不同于也独立于团队项目或个人项目，但在团队工作中，它经常与个人项目的解决相结合。第3章将讨论这项工作的具体过程。个人学习目标在经验和批判性反思流派中尤为常用。制定个人学习目标的依据可能来源于360度评价、参与者的自我评估或个人的深刻洞察。伯莱克斯的企业发展项目展示了即使在以团队项目为中心的行动学习项目中，个人学习目标的应用也是可行的。

伯莱克斯的企业发展项目

罗伯特·沃德　Leadership Bridge公司总裁

伯莱克斯的企业发展项目的总体目标是实现领导力发展。这种发展通过持续对真实业务问题的行动和反思，以及达成个人、团队和组织的学习目标来实现。为了充分利用这一机会，参与者设定了自己的个人学习目标，以便在解决实际业务问题和团队活动中同时促进个人和团队的发展。这些个人学习目标可以是：

1. 个人认为对其成长和发展至关重要的关键新能力；
2. 目前需要提升或改善的能力；
3. 阻碍效果达成且需要改变的问题领域。

个人学习目标明确了一个人希望发展或提升的可观察行为。行动学习催化师和其他团队成员将观察这些行为，并提供反馈。例如，如果个人学习目标是促进开放沟通，就必须展现出对项目和团队互动的适应性，团队应明显感受到这一学习目标的应用，即有能力传达出"每一个想法都值得考虑"的信息。

个人需要将其学习目标与团队其他成员及催化师共享，以便他们根据自己的观察和反思提供反馈。此外，个人学习目标应注意：

☐ 在团队互动中集中个人注意力；
☐ 成为个人衡量自身发展的标准；
☐ 被纳入项目各个环节的个人反思之中。

全球制药组织的项目是个人学习目标如何与行动学习项目中的个人项目相结合的一个极佳案例。在该项目中，我们扮演了行动学习催化师的角色。

全球制药组织

在一个团队中，一位技术高管通过360度反馈得知，他的团队认为他需要改进自己在描述整体情况方面的能力。因此，他选择了"提高沟通愿景和战略的能力"作为个人学习目标。在面临问题决策时，他解释说，自己最近接管了这个组织，发现前任领导在技术领域持有截然不同的观点，并且领导力不足，这导致组织和员工执行力的不足。这位高管意识到自己的问题在于找到一种方法来制定和传达一种新的业务处理方式或新策略，以改善当前的业务状况。他认为，自己的360度反馈来自旧团队，但与新问题相关联，因此，他请求团队帮助解决的问题是："我应如何制定和传达新的技术战略？"

第14步：何时召开导入工作坊？

第14步涉及在行动学习项目开始前决定是否需要以及何时安排导入工作坊。虽然这样的工作坊不是必需的，但其价值不可小觑。例如，如果高管支持在组织中采用行动学习，而现在需要让组织中的其他成员了解这一过程；或者，人力资源部门认为行动学习是合适的干预方式，但目前需要向组织中的其他利益相关者进行说明和影响；或者，在协同设计过程中确定参与者是自愿的。如前所述，尽管参与者通常是基于项目目标来选择的，但如果决定采用招募志愿者的方式，工作坊可以帮助这些志愿者做出明智的选择。

麦吉尔（McGill）和布鲁克班克（Brockbank）为导入工作坊提供了一套完整的流程，这套流程对于个人的行动学习项目特别有用。该流程稍做调整后，也适用于团队的行动学习项目的导入工作坊设计。工作坊包括四类活动：

1. 通过三人团队介绍行动学习；

2. 行动学习同心圆；

3. 模拟行动学习；

4. 过程回顾。

第一项活动通过让潜在的参与者以三人团队的形式，在一个安全的环境中体验部分行动学习流程。在分享和答疑环节之后，进行第二项活动，此时所有参与者围成一个同心圆，一个团队位于同心圆中心区域演示行动学习过程，并从外围观察者那里获得反馈。第三项活动是每个人都参与到行动学习的实际操作中。最后一项活动是对整个过程的汇报和回顾。

工作坊可以设计为1.5小时至一整天的活动，包含这些元素的好处有：

- 使参与者在正式参与项目前先行体验；
- 与简单的解释相比，能更准确地传达行动学习的实施方式；
- 如果项目的协同设计阶段需要招募志愿者，则提供一个自我选择的机会；
- 最大化成本效益。

表18展示了我们与一家多元化金融服务客户共同设计的导入工作坊案例。

表18 导入工作坊设计

活　　动	大约时间
开展大型团队的行动学习活动 • 项目参与者 • 同心圆/金鱼缸设置 • 行动学习小组如何帮助项目案主 • 明确行动学习催化师 • 提供学习反思日志	10分钟
项目案主所有者简要陈述项目以便参与者能够选择团队 团队选拔标准 • 需要平均分配 • 团队成员需要尽可能多样化 • 如果你是项目领域的"专家",就不加入团队	10分钟
解释学习伙伴的概念 • 团队成员选择学习伙伴,并确定学习目标	10分钟
第一轮行动学习项目研讨 • 讨论和建立基本规则 • 项目案主提出项目 • 团队使用行动学习的流程,包括澄清项目、浮现假设、质询 • 项目案主对行动进行承诺	40分钟
通过催化师质询的方式,所有参与者进行反思 学习伙伴提供个人反馈	20分钟
第二轮行动学习项目研讨	40分钟
最后的反思	20分钟

第15步：如何实现与组织人力资源系统的协同？

尽管行动学习是一种有效的干预方式,但如果能与组织中的其他系统和干预手段协同工作,它在促进发展和组织变革方面的影响力将更加强大。其中,与人力资源系统的协同尤为重要。第15步的核心就是确保这种协同和融合。

行动学习项目与人力资源系统的融合可以通过多种方式实现。例如,前文提到的全球制药组织,在经历了一次大规模并购后,他们采用行动学习来帮助全球高管更好地相互理解，共同前进。作为协同设计的一部分，全球领导力成为该项目"P"学习内容的关键组成部分，确保了合并后的两家公司高管能够接收到一致的领导力信息。

PSE&G的LIRW项目则是将组织领导力模型与行动学习结合的另一个案例。

PSE&G的LIRW项目

朱迪·奥尼尔　学习与领导力公司总裁

大约在1995年，皮特·塞斯特罗不再负责质量倡导工作，转而担任天然气和电力配送部门的副总裁。在这个新职位上，他能够观察到并解决其高管团队与他为组织提出的愿景之间的不一致之处。我询问皮特，他期望的组织变革实现后会呈现什么样的状态，他描述了以下愿景：

"要更快！摆脱形式主义！摆脱束缚我们的文书工作和其他官僚做法。我们有这个愿望。每个人都希望真正更快地完成工作，尤其是当涉及客户的时候。面对问题时，要迅速寻找答案并高效地完成工作，要有更强烈的紧迫感。我相信这对我们非常重要。这是第一点。

"人们会更加主动，而不是等待别人批准或给他们答案。我认为我们应该有一套明确界定的、协同的和可识别的共同目标，让每个人都清楚地了解我们的前进方向，每个人都清楚地了解如何判断我们是否达到了目标，每个人都清楚地了解自己在帮助我们到达目的地的过程中所扮演的角色。他们每天都自觉地朝着目标努力工作，而不是盲目摸索。"

我问皮特，如果他的愿景成为现实，他认为他们的互动方式是否会有所不同，他回答确实会有所变化：

"我认为我们会更加尊重个体。我们会重视人们的想法和理念，我们会打破旧有的局限，吸纳更多人的意见和观点。我们在交流时，将基于数据、措施或信息，而不仅仅是说出'好，这就是我认为的'这样的话。人们将真正欣赏他人的工作，以及他们如何履行承诺。他们不再为那些被假定要完成的任务负责，这些任务对他人产生了影响，使他们感到沮丧，而没有真正尊重他们。

"虽然我听起来可能有点像哲学家，但我怀疑有人会不时地批评我，说些'这家伙为什么说这些东西'。你知道，这个理念是考虑他人的，而且，有些人可能觉得很难坚持这个理念，但我认为这非常重要。我想了很多有成效的情况，也想了很多没有成效的情况，想了成功的情况，也想了不成功的情况，我们所有的一切都基于个体间的关系。无论是同事之间、部门之间、下属与上司之间，还是员工与客户、供应商及其他人之间，这一切都建立在关系之上。因为说到'公司'……我们都喜欢说'公司'……公司是什么？是我们。公司没有实质、没有身体、没有心、没有灵魂。它是组织中每一个人的精神、身体和心灵的集合。"

为了使这一愿景更容易实现，皮特开发了一个领导力素质模型，这个模型平衡了新的行为与预期结果，他认为组织和个人要持续成功就必须具备这种平衡。为了在组织内传播他的愿景，皮特再次将他所说的软性文化与组织的运作紧密结合，继续利用他认为对领导而言至关重要的事情——动员大家。皮特通过制订业务计划来阐述他的工作方式。

"再次，我认为需要动员更多的人，不仅仅是两三个人或更多人把商业计划书凑在一起；应该让更多人参与进来。那么，如何做到这一点呢？我们尝试过很多方式，去年春天我们成功了。通过两天大约80人共同的工作，我们获得了这些人的投入。团队工作至关重要！你如何让人们协同工作呢？"

当皮特寻找方法促使其主管和管理者全身心投入到他的组织变革愿景时，他也意识到了团队合作的必要性。"我独自一人很难做到这一点，但如果我知道有人和我在一起，都在尝试做同样的事情，帮助我，给我一些工具和建议，团队合作就很容易实现。"1996年，皮特向领导力和专业发展集团的管理者鲍勃·布朗宁寻求帮助。在分析组织的需求之后，鲍勃建议天然气和电力配送部门尝试采用行动学习来推动所需的变革。

与格蕾斯可可协同设计的全球论坛项目展示了行动学习如何与其他干预措施相结合，并得到了这些措施的支持。人力资源副总裁负责将一个文化多元化的公司转变为具有统一文化的公司。他从一个调研会议开始，着手创建组织的愿景——成为一个全球性的工业可可和巧克力公司。然而，在愿景提出之后，缺乏必要的后续行动。随后，他在公司范围内成立了一个组织发展专责部门，该部门收集了必要数据，并发现当前管理在七个方面需要改进。他认为行动学习是改进这些方面的最佳途径，并能够带来组织所需的重大变革。辉瑞公司的项目设计也是在高管团队的协同工作坊中完成的，在工作坊期间，IT领导者建立了他们的战略业务框架，并最终形成了绩效领导力项目。

第16步：如何实施推进项目？

如果行动学习是一个持续的干预措施，那么在协同设计过程中的第16步，就需要制定一个项目实施推进计划。由于行动学习过程与其他大多数发展项目不同，组织高管最好首先参与，这样他们可以更深入地体验整个过程，并为后续的参与者提供支持。协同设计可以根据高管参与者的实际情况进行调整（通常是缩短时间），以确保他们的参与。特定的流程环节，如本章前面提到的高层领导例会和发起人研讨会议，也可以作为高管参与的起点。

在组织内部推进工作开始之前，特别是依据流派（协同设计的基础）的特点，启动试点项目是一个明智的选择。如前所述，PSE&G的LIRW项目设计基于经验流派，但也融入了批判性反思流派的元素。当我们沿着行动学习金字塔向上设计项目时，可能会在组织中产生过多的"噪声"。试点项目是确定组织处理"噪声"能力的试金石，并且是调整项目以更好地满足组织需求的有效方法。

PSE&G的LIRW项目

朱迪·奥尼尔　学习与领导力公司总裁

　　试点项目持续了三个多月。该项目引发了争议，对参与者的观念和信念提出了挑战，正是这一过程在初期为部分参与者带来了焦虑和不适。在行动学习过程中，通过团队的工作循环，帮助参与者以新视角看待和思考问题，在工作中采取行动，进行反思，并开展更多团队工作，这些活动都曾一度让参与者感到焦虑和不适。当这些情况发生时，我们发现组织领导者，包括皮特在内，并未对这些情况做好充分准备。我们确实成功地将人们的神经推向了边缘。

　　幸运的是，我们有皮特和鲍勃作为催化师，他们勇于面对组织中的焦虑。尽管我们鼓励团队成员信任这个过程，但直到最后一次会议，所经历的变革学习才逐渐变得清晰。参与者分享了他们在工作和个人生活上的变化，他们如何打破固有限制，以及理解组织真正共享的价值观的重要性。与过去三个月相比，参与者的学习和项目成果报告对许多参与者产生了惊人的影响。我们非常重视从试点中获得的反馈和教训。在全面推进项目之前，我们与参与者一起举行了几次汇报会，并对试点设计进行了调整。

　　在PSE&G的推进过程中——包括11个项目，近300名参与者，持续两年多——我们吸取了许多宝贵的经验教训。虽然组织希望所有参与者都能尽快参与LIRW项目，我们决定一次只运行一个项目，原因如下：

- 战略项目对组织有重大影响。由于每个项目包含4个团队，即超过4个项目，若同时运行多个项目，可能会超出组织对项目和团队的支持能力。
- 每个团队平均有7名参与者，因此一个项目至少涉及28位参与者。尽管项目是以兼职形式进行的，但参与者需要为团队和项目投入大量时间，这意味着组织需要为他们的主要工作提供额外的人力资源。

- 每个团队都配备了一位项目发起人，他们需要投入时间和资源来支持团队。在同一时间内，协调超过4位发起人的时间和精力是具有挑战性的。
- 从积极的一面看，连续运行一个项目意味着LIRW项目在两年多的时间里将成为组织的一部分，这有助于行动学习的概念更深入地融入组织的文化和结构之中。

第17步：如何评估行动学习项目？

协同设计流程的最后一步，即第17步，涉及决定是否以及如何对项目进行评估。一些传统培训评估方法，如柯氏模型，同样适用于行动学习的评估。这些方法从参与者的满意度、所学内容，到对工作乃至组织的影响等多个层面对行动学习进行评估。此外，也可以采用其他评估和研究方法来评价行动学习项目，这将在第5章中进行详细讨论。

现在，我们已经概览了协同设计流程中的关键问题。第3章将为你提供协同设计一个真正有效的行动学习项目所需的详细信息。

第3章

成功落地：
行动学习项目的实施策略

如果在过去几年里，你没有放弃过一个重要的观点或者获得一个新的观点，检查一下自己的脉搏吧。你可能已经思想僵化了。

——吉莱特·伯吉斯

我们在寻找答案的过程中学到的东西，比直接找到答案本身学到的还要多。

——劳埃德·亚历山大

我们已经了解了协同设计的概念及其包含的17个步骤。我们还提供了一些案例，展示了协同设计流程如何确保项目满足组织和参与者的需求与能力。然而，那些成功达到或超越协同设计目标的行动学习项目，有何独特之处？项目成功的一个关键策略是确保协同设计包含了所选行动学习流派的关键元素。在全球制药组织的行动学习项目中，协同设计要素既带来了挑战，也提供了支持。例如，恰当的提问技巧和对假设的识别，对于设计批判性反思流派的项目至关重要。

全球制药组织

全球制药组织使用的是个人项目。在其中一个项目的首次研讨会上，一位来自欧洲某国业务板块的人力资源执行副总裁向他的团队提出了问题："如何使我的高管团队更有效地管理他们的学习？"他解释说，高管团队有7人，包括营销总监和他本人，去年取得了优异成绩，但在与同事分享知识和专长方面表现不佳。他与一些同事讨论过自己的担忧，但未敢公开提出。另外，一些总监之间的关系紧张，使得问题更加复杂，如"营销总监不喜欢其他总监"。他认为团队需要合作，以确保业务持续成功。

他的团队和行动学习催化师开始提出具有挑战性、支持性和洞见性的问题，例如：

- 如果缺乏合作，去年的成功是如何实现的？
- 所有总监都有这种行为吗？他们总是这样吗？
- 你凭什么认为这种行为不好？
- 这种行为是公开的还是隐蔽的？
- 你对这个问题的产生有何贡献？

提出的一些假设包括："我认为个人的雄心可能是一个因素。""我认为这可能是一种可以接受的工作方式。"通过反思问题、假设和重构，副总裁重新构建了他的问题:"我如何帮助高管团队认识到,他们的不正常行为最终会损害公司的利益?"他决定对一直回避的问题采取明确行动,并与总裁及高管团队讨论这个问题。

康格和本杰明通过他们对第2章讨论的行动学习项目的研究,确定了设计要素:学习项目的选择、目标和成果的确定、多次反思性学习的机会、高管的积极参与,以及所有受影响的运营单位对团队项目的强烈、清晰的认同。我们还确定了专业的行动学习催化师和促进(在第4章中讨论)以及后续跟进,即学习的转化(在第5章中讨论)。我们的研究和经验也总结了与执行相关的、有助于人们学习的关键成功要素,包括关键角色和策略。

在本章中,我们将探讨从行动学习项目成功实施中提炼出的要素和策略;观察发起人、参与者和行动学习催化师(第4章将更详细讨论)等关键角色。我们将研究一些帮助参与者做好前期准备并提升学习效率的策略;介绍团队项目的方法、个人项目的指导方针、个人学习目标达成的三类流程,以及各类项目学习日志的使用。本章最后,将描述支持项目成功或导致项目失败的其他执行要素。

我们还将使用VNU的开拓项目、PSE&G的LIRW项目(经验流派)和伯莱克斯的企业发展项目(经验和批判性反思流派)的案例,以及其他一些项目。

首先,我们介绍一个混合行动学习项目,在该项目中,行动学习小组需要完成一个行动研究项目。行动研究过程与瑞文斯描述的行动学习相似,因此该项目融合了科学流派的元素,并跨越到批判性反思流派之中。

美国退伍军人事务部的行动研究项目团队

珍妮特·里德-赫克托和莱尔·约克斯

美国退伍军人事务部的压力与攻击性项目是由其总部的一名中层人力资源经理发起的，他开始就工作场所中的攻击性问题进行询问和对话。他提出这一问题的动力来自于他的认识，即他和他的同事处理的许多纪律案件似乎与对压力的反应有关，这些反应以攻击行为的形式表现出来。纪律处罚似乎只是治标不治本，并没有真正解决根本问题。他与退伍军人事务部内部的同事以及学术研究人员就职场压力和攻击性问题进行的对话，最终促成了一个由学术人员、退伍军人事务部人力资源专家和其他利益相关者组成的研究项目团队。该项目获得了国家科学基金会的资助，这补充了来自退伍军人事务部不同部门的预算支持，项目逐渐发展，最终确定了三个重点方向：

- 开发一个用于测量压力和攻击行为的问卷；
- 开发一个定量模型，用于商业案例开发和检测，以在退伍军人事务部内部减少压力和侵犯；
- 采用以实践为基础的行动研究模式。

随着资金的到位，一个由三位来自不同大学的学术专家（两位心理学家和一位人力资源专家）、一些人力资源从业人员和退伍军人事务部专业人员组成的项目团队，开始了为期三年的项目研究。该项目涵盖了11个现场点和对照鉴定点（控制点），每个现场点都设有自己的行动团队。

这个行动研究项目中嵌入了行动学习小组，利用定量和定性数据，探究退伍军人事务部内部压力和攻击行为的不同层面。随着研究的深入，逐渐形成了一个新的方案，旨在创建一个能够推广至整个组织并提升组织绩效的新框架。项目历时三年，从2000年底至2003年底。项目的各个阶段包括：组建现场点行动团队、从现场点和对照鉴定点收集数据并反馈给现场点、制定各网点的具体干预措施、讨论各网点行动团队的经验并在网点之间分享学习成果等。项目团队与现场点的行动团队合作，完成调研工具的设计和应用，将数据传回现场点，各行动团队据此采取行动，响应网点数据。

如前所述，该项目最初由一位中层人力资源经理提出，他也是项目团队的成员，并发挥了催化作用。他将项目团队成员团结起来，从退伍军人事务部的多个部门（如决策管理办公室和退伍军人事务部学习大学等）争取到了财政支持，并经常在退伍军人事务部的各种专题研讨会和高层会议上分享项目进展和学习成果。他的直接上级给予了他从事该项目的灵活性。此外，一位退伍军人事务部高管也积极参与了该项目，并访问了一些现场点。

随着该项目采用具有实施价值的行动研究模型，以及组织内部出现强烈的变革意愿，人力资源管理研究中心的学者和熟悉组织学习文化的研究人员确信，项目组成员正在进行明确的学习实践。因此，他们邀请了一位具有成人学习研究背景的学术研究人员，向团队介绍一些学习实践的方法。随后，这位研究人员被邀请加入团队，并在项目研讨过程中表现出极大的活跃度。他之前的研究和实地工作涉及行动学习和组织层面协作的探讨。在他的帮助下，团队意识到需要学会用自己的方式来推动进程，并用新视角来审视传统问题。在项目研究过程中，成员对问题和自己的角色进行了重新构建，以行动学习小组的方式开展工作。

接下来，我们将介绍一个属于经验流派的个人项目——全球金融组织的项目。

全球金融组织

这个项目设计于20世纪90年代末，针对的是新任经理，包括那些刚被提拔至管理岗位的人员和直接招聘的管理者。项目的目标包括：

- 学会通过挑战进行学习。
- 确定在价值创造中自己的角色。
- 培养管理判断能力。
- 提高战术领导技能。

在为期两天的启动会上，高管讨论了公司的愿景和管理团队的目标，并举办了主题为"管理技能和责任的理论与实践"的讲座。参与者还参加了各种体验式学习活动。启动会后，是三次为期一天的行动学习工作坊，整个项目持续了三个多月。在第一次工作坊之前，参与者和行动学习小组在"项目挑战澄清表"的指导下，选择要完成的挑战（难题）。这些挑战需要与他们的现任总监协商确定，并符合以下指引性标准：

- 是当前实际工作的一部分。
- 在你的职责范围内，可以采取行动。
- 以挑战（难题）为导向，避免提供简单的、明显的或仅仅是技术上的解决方案。
- 大多数人可能会不赞同潜在解决方案。
- 结果要有显著的收益。

每个行动学习小组由4~8人组成，在每个研讨会上都有一位行动学习催化师与他们共同工作。在研讨会上，每位参与者大约有一小时的时间，在这期间，团队运用一系列不同的行动学习流程帮助难题主人解决问题。这些流程将在本章稍后进行讨论。

另一个项目是之前提及的沃尔沃卡车公司的管理项目。该项目是依据批判性反思流派设计的，采用了由隆德管理学院提出的名为"行动反思学习"的行动学习流程。

沃尔沃卡车公司的管理项目

沙龙·拉姆-哈特曼博士　Inside Out Learning公司CEO

作为卡车制造业的领军企业之一，沃尔沃卡车公司始终走在行业前列。早在1990年，公司就意识到商业环境正在发生显著变化，包括全新的全球竞争环境。公司正逐渐成为经济、政治、文化和生态利益相互关联的全球性社区的一部分。与此同时，公司进行了组织结构的分散化改组，改变了以往强调生产、精益制造和快速决策的模式，尽管这种模式曾为公司带来成功。

沃尔沃卡车公司的高管团队认识到，随着业务环境的持续变化，领导者的心智模式也需要相应转变。这种转变意味着从以制造为中心和指令式的旧模式，转向具有以下特征的全球领导者模式：（1）理解文化差异，能够在高绩效团队中跨职能和跨地区开展工作；（2）具备教练风格，关注客户满意度，致力于他人和自我发展。实际上，公司希望管理者的心智模式能从"高高在上"（power over）的模式转变为"权力共享"（power with）的模式。公司需要一种方法来培养这种类型的领导者，使他们具备应对公司所面临挑战的技能和能力。

在隆德管理学院和国际管理领导力中心的协同设计项目中，沃尔沃卡车公司向我们展示了领导力开发项目如何帮助公司促进这种转型，并培养领导者有效应对21世纪挑战的能力。

伊娃·阿内尔（Eva Arnell）负责沃尔沃卡车公司的领导力和能力发展领域。她曾参与隆德管理学院的一个项目，并运用行动反思学习领导力开发理念为公司设计了一个类似的项目，即"沃尔沃卡车公司的管理项目"。

行动反思学习强调行动和反思的重要性。"行动"指的是通过团队合作解决具有重要战略意义的业务难题；"反思"则是独立的，指的是通过专门设计的机会来思考从彼此和理论中学习的过程。

截至1997年,沃尔沃卡车公司已经实施了6个项目,每个项目持续1年。近100位参与者来自16个不同国家,完成了28个战略业务项目。其中包括两个项目:(1)沃尔沃卡车公司何时以及为什么要利用供应商伙伴关系?(2)为了扩大业务范围,沃尔沃卡车公司应该开拓哪些主要区域?

每个项目包括16~24位管理者,在6个月内举行4次为期5天的会议。这4次会议包括两种形式:驻地研讨会和项目工作。参与者被分为4个项目小组,每组4~6人。为了促进跨职能和跨文化沟通,项目团队的构成力求最大程度的多样性(即功能、文化和个性的多样性),并鼓励每次项目会议在世界不同地区举行,以增强跨文化沟通。

参与者通过完成对沃尔沃卡车公司具有战略意义的真实项目进行学习,这些项目往往超出了他们专业技能的常规范畴。因此,设计中一个关键的前提是,在陌生领域处理复杂任务和关系时,是学习的最佳时机。在没有专家指导的情况下,领导者不能依赖以往的知识,此时创造力、创新意识、勇气和判断力变得至关重要。

表19展示了沃尔沃卡车公司的管理项目2(1992年)的设计框架。从项目2到项目6,设计上的变化不大,主要调整包括讲座和活动在不同阶段的重新安排,某些环节的缩短或延长,以及尝试一些新的活动。

表19 沃尔沃卡车公司的管理项目设计

项目2	项目2的主要设计组成
会议一 (1992年)(比利时布鲁格)	• 欢迎,彼此认识:高层参与,项目发起人开场,项目准备 • 互动式讲座(26.5小时),包括高层、催化师和外部讲师的讲座。主题包括项目计划、全球商业环境、高效团队、比利时的不同文化、卡车工业战略和全球竞争情况 • 全体活动:文化晚会(以团队形式参观当地文化)和商业游戏的初始环节(1天) • 项目工作:约2天 • 全体反思和对话研讨会:2小时

续表

项目2	项目2的主要设计组成
会议二 （北卡罗来纳格林斯博罗）	• 项目工作：3天，包括一些讲座和活动 • 讲座主题：文化差异、业务控制、领导与管理技能、高绩效团队、MBTI • 反思和对话：2小时 • 活动：商业游戏和文化晚会
会议三 （英国伦敦）	• 项目工作：1.5天 • 讲座主题：MBTI、360度反馈、项目团队反馈、高绩效团队工具和技能发展 • 活动：文化晚会和商业游戏 • 反思和对话：2小时
会议四 （瑞典哥德堡）	• 讲座主题：全球化管理和公司内部讲师讲座 • 活动：商业游戏竞赛和户外活动 • 项目团队汇报准备 • 反思和对话：2小时 • 向高管发起人汇报项目成果和结业典礼

为了让项目取得成功，发起人需要做些什么

项目成功的关键角色之一是发起人。在团队项目中，这一角色较为常见，项目通常由团队之外的某位高级经理或高管"发起"。然而，如我们将在全球金融组织的行动学习项目中看到的，发起人的角色同样适用于个人项目。发起人对行动学习催化师和团队的工作有影响，在奥尼尔的研究中一位催化师的评论可以证明这一点。

我和发起人关系很好。他全程参与了行动学习项目，对规则非常了解，因此没有问题。如果你和某人交流，询问她的情况，她可能觉得发起人控制欲过强，因此她必须小心。但需要明确的是，这实际上是团队的问题，团队的责任是通过努力找到既让团队满意也让发起人满意的解决方案。我们当然希望解决方案能让发起人满意，但这并非绝对必要。因此，发起人最好与团队保持一定距离，提供帮助而非控制，我认为这是界限所在。

帮助发起人理解规则的一种方式是，根据项目需求定义其应发挥的作用和责任。这些作用和责任可用于发起人招募时、发起人培训时以及向发起人汇报时。

四个流派都明确了发起人的基本角色和责任，如"以资源和承诺的形式提供支持"和"创造和支持项目目标达成过程中所产生的变革"。表20提供了发起人的角色和责任的一些说明，其中也包括为伯莱克斯的批判性反思流派项目设计的相关内容。

表20　发起人的角色和责任——团队项目

伯莱克斯行动学习项目发起人的角色和责任

以资源和承诺的形式提供支持
- 参加项目启动会，为团队"充电"并介绍项目
- 提供团队所需的支持
- 在项目期间，根据团队需求提供支持
- 鼓励团队承担行动的责任并赋予相应的权力
- 确保参与者的管理者和同事支持完成项目和学习所需的时间
- 根据需要，作为团队和组织之间的联络人
- 参加项目的最终汇报。

以身作则，示范项目中所教授的行为
- 寻求团队、高管和催化师对自己行为的反馈
- 讨论自己意识到学习需求时的情形及学习方式
- 分享在示范新行为时所犯的错误
- 鼓励团队提问

期望参与者既完成团队项目，又达成个人学习目标
- 通过制定衡量项目成功的标准，强化项目完成和学习之间的平衡
- 在与团队的所有互动中强调平衡
- 与参与者交谈时，明确询问学习和行为转变的情况

为项目创造一个开放、支持和富有挑战性的环境
- 愿意挑战关于组织和文化的假设
- 鼓励团队验证他们对组织规则或文化的理解
- 对不同于自己的想法保持开放心态，鼓励承担风险
- 将参与者所犯的错误视为学习的机会

创造和支持项目目标达成过程中所产生的变革
- 支持参与者对新行为负责，并奖励进步
- 致力于发展和改变自己的行为，以持续提供所需的支持

续表

- 鼓励参与者回到工作岗位后使用新的行为
- 项目结束后，帮助参与者创造机会以继续发展技能和行为

与催化师签订合约

- 与团队的催化师达成协议，包括如何协同工作为团队提供支持，以及项目期间的沟通时间表
- 给催化师提供明确可见的事实，证明学习与项目同等重要
- 对项目/问题的重构或用不同于预期的方式解决问题持开放心态
- 承诺与教练保持开放而持续的沟通

在对英维思"领导力在行动"项目的描述中，霍普夫纳·卡勒（Hoepfner-Karle）介绍了他们如何发挥自己作为发起人的作用的一些方法。

英维思的"领导力在行动"项目

凯特·霍普夫纳·卡勒　KHK人力资本咨询

每个团队都指定了一位来自高管团队的发起人，他们为团队在需要时提供支持、指导和必要的资源。发起人不直接提供答案，而是鼓励团队自行寻找答案。每位发起人在首次会议期间与自己的团队会面，介绍项目定义及英维思对团队的期望。发起人承诺，在项目结束时的总结回顾之前，至少与团队举行三次进展汇报和回顾会议。

发起人在个人项目中的角色与团队项目中有所不同，因为在个人项目中，问题由参与者自己提出，发起人更多地扮演支持者的角色，而非主导者。在全球金融组织的行动学习项目协同设计过程中，参与者的总监在问题选择上的参与至关重要，因此，他们的作用与发起人相似。关于发起人在满足组织需求方面的角色和责任，详见表21。

表21　发起人的角色和责任——个人项目

全球金融组织行动学习项目发起人的角色和责任
在行动学习研讨会开始前，与参与者讨论他们的期望，包括 • 参与者期望从团队成员那里获得解决挑战的想法和支持 • 参与者期望利用所有学习机会

续表

- 参与者学习如何提出有见地的问题，包括质疑假设和重构挑战
- 参与者出席所有行动学习研讨会的重要性，确保所有参与者都能从这一经历中获益

在参与者选择挑战时提供帮助
- 讨论参与者选择的问题，或帮助参与者进行选择
- 确保问题符合以下标准
    □ 是参与者实际工作的一部分
    □ 是一个没有已知解决方案的问题
    □ 是大多数人不认同其产出的问题
    □ 是一个参与者可以对决议采取行动的问题，且你和参与者对产出都有兴趣

出席第一次行动学习研讨会
- 在研讨会上，将参与者的工作和学习与部门的总体目标相联系
- 体现对参与者将要从事工作的支持
- 帮助参与者解答提问

支持和鼓励参与者在回到工作岗位后尝试使用不同的工作方法/新的行为
- 在研讨会后与行动学习参与者会面和交流，讨论他们与团队一起承诺的行动和学习
- 明确讨论你在支持他们的努力方面可以做些什么
- 给参与者提供与部门其他人员分享学习的机会

参与者如何做好前期准备

在第2章，我们讨论了如何选择参与者、行动学习小组多样性的重要性、理想团队规模，以及自愿与非自愿参与计划的问题。参与者的前期准备对成功至关重要。准备可以采取多种形式。例如，在PSE&G的LIRW项目中，发起人亲自给每位参与者打电话，解释为什么选择他们，以及他们应做出的贡献。发起人/高管与参与者的接触，对新行动学习项目至关重要，这可以提高参与者对项目价值的重视。

通常，参与者和行动学习催化师在项目前进行交谈，明确他们在行动学习项目中的角色。许多项目提供了参与者角色和责任的描述，如英维思项目所示，详见表22。

表22 参与者的角色和责任

英维思行动学习项目参与者的角色和责任
对学习持开放心态
• 普遍对学习持开放心态
• 用开放心态来学习怎样从不同的角度看待自己、自己的日常工作以及所在的组织
• 追求问题解决与学习之间的平衡
• 对于从不同角度来思考问题/项目持开放心态
• 与团队其他成员分享你的学习
• 将所学应用到工作中
对团队成功的个人承诺
• 日常参与——参加每一次会议（不论是面对面的还是虚拟的），并全程参加
• 平等参与——确保每个人都有足够时间表达想法和提问
• 质疑和挑战——提出推进反思和挑战性问题，确保项目取得最好结果
• 反思——检查自己的假设和自己行动的质量，完成承诺
支持其他团队成员
• 同伴支持——通过倾听和关注，营造积极的环境
• 建立信任、保密
• 在交谈、倾听、观察和思考之间保持平衡
• 识别隐藏在已经提出的问题/项目背后的更深层次问题

催化师在行动学习项目中所起的作用是什么

我们知道，行动学习催化师在项目中扮演着非常关键的角色，尤其在经验流派和批判性反思流派中。隆德管理学院早期根据项目参与者的反馈进行了研究，这些研究涉及有催化师和没有催化师的项目。研究结果表明，催化师能够帮助管理者打破固有的心智模式和常规做法。保纳（Bourner）和威斯坦（Weinsten）的研究也指出，缺少催化师可能会给团队带来问题或陷阱。首先，如果没有催化师与团队合作，"团队的全部注意力可能会过度集中在问题的解决方案上……"其次，存在失去学习维度的风险，团队可能仅变成一个单纯的项目团队。

在科学流派中，催化师主要参与行动学习小组的启动，其承担的责任与其他流派相似。而绩效流派则有所不同，有时可能根本不需要催化师，有时团队在流程顾问的帮助下进行工作，流程顾问负责管理团队的动态。康格和本杰明描述了专家催化，这类似于早期通用电气项目和业务驱动型行动学习中的角色，通过催化，"催化师和讲师能够帮助团队巩固知识并从信息中学习……并在过程初期提供所需的结构和分析框架"。然而，由于多种原因，一些人不推荐专家催化。瑞文斯的支持者批评催化师在过程中加入了自己的专长，"窃取"了参与者的学习机会。根据我们的经验，催化师有助于维持学习空间，拒绝承担专业引导者的角色，而由参与者自己承担，这样会更加成功。根据这一观点，参与者自己做得越多，他们就越容易充分吸收学习内容，并将其应用到工作中。瑞林指出，"对主题的'无知'意味着需要提出更难的问题，这些提问对于参与者构建问题非常有用"。

许多项目提供了关于行动学习催化师角色和责任的书面描述，以便区分催化师与参与者以前见过的其他团队角色的不同。表23展示了VNU催化师的角色和责任。催化师角色的更详细讨论将在第4章中进行。

表23　行动学习催化师的角色和责任

团队干预者
• 将提问作为主要干预手段
• 协助参与者掌握提问技巧
• 协助团队平衡任务与学习
• 帮助团队处理工作与学习平衡中的情绪问题
• 使团队工作过程可视化
• 对团队提出挑战
• 促进学习的发生 　□ 创造积极环境 　□ 支持而非讲授 　□ 促进不同的思考方式
• 保持沉默，保持隐身 　□ 不干预 　□ 允许问题存在以促进学习

续表

团队反思促进者
- 帮助团队反思进步和问题解决过程
- 帮助团队学习如何进行反思以诊断团队问题
- 将反思作为干预的一部分
  - ☐ 在固定时间进行反思
  - ☐ 在团队遇到障碍时使用
  - ☐ 通过提问促进反思

团队教练和培训师
- 利用即时学习理念,根据团队需求确定培训和发展的时机
- 与团队成员分享角色
- 帮助团队学习如何将项目所学应用到工作中
- 帮助团队学习如何从工作中学习
- 与团队共同努力,将催化师的技能转移到团队中
- 协助参与者相互提供帮助和反馈

发起人联络者与个人教练
- 与团队发起人签订工作协议,明确合作方式和项目期间的沟通时间表,确保发起人的参与度,使发起人对承担的角色感到适应
- 与发起人签订协议,明确其在项目中的适当教练角色
- 与发起人合作,帮助参与者理解工作与项目学习之间的平衡,以及如何加强这种平衡
- 协助发起人质疑和挑战自己对于"正确"解决方案的假设,防止错误信息传递给团队

团队项目的行动学习小组需要做些什么

尽管项目旨在实现特定的成果目标,但行动学习的本质及其潜在的学习价值带来了一定的不确定性。即便如此,我们的经验和研究显示,采用某些方法可以在行动学习项目中提高成功的可能性。

根据我们的经验和对其他项目的研究,我们提炼出一些普遍准则,适用于团队的整个工作过程:

- 在安静且隐私的环境中开会,以减少干扰。
- 采用团队共同制定的会议指导原则,如议程和时间分配的决定,领导和其他团队角色的轮换,以及在每次会议结束时制订行动计划。
- 利用项目规划工具,创造重构、质疑和学习的机会。

- 对任务、过程和学习进行质疑。
- 对任务、过程和学习进行反思。
- 适当地重构项目。
- 解决问题并做出决策。
- 发现并解决冲突。
- 挑战自我、其他团队成员和组织。
- 编写学习日志。

行动学习会议，与任何致力于完成任务的会议一样，需要安静的空间，并尽可能减少来自他人和电话的干扰。对于行动学习会议而言，隐私同样重要，因为我们希望参与者能够自由地相互质疑和挑战，以及质疑和挑战组织的做法和规范。

这条措辞"使用团队共创的任何形式的会议指导原则"至关重要。如果团队尚未建立任何会议指导原则，催化师应让参与者尝试在没有指导原则的情况下继续会议，至少在会议初期如此。一些专业的催化师可能会提前提供规划工具。但在许多行动学习设计中，一个关键的通用原则是允许人们从自己的错误和困难中学习，这也是指导催化师如何与团队合作的原则。如果催化师过早介入，团队可能会越来越依赖他，而不是对自己的学习负责。行动学习认为，在相对无风险的环境中，人们更容易提出好问题、进行反馈，并有机会审视所做选择的后果，从而获得更好的学习。因此，这种自主学习是许多行动学习设计的优先选择。催化师在团队中的工作将在下一章详细讨论。

行动学习小组可能会采用一些规划流程来完成任务，这些流程也是组织希望他们掌握的。然而，行动学习小组与其他项目团队的不同之处在于：在利用这些流程规划项目的同时，他们也在规划学习机会。行动学习催化师的角色之一是协助团队选择和运用这些不同的流程。一些经验流派和批判性反思流派的催化师采用的行动规划循环（见表24），是一个包含问题提出、重构、解决的过程，而非单一的问题解决流程。我们为团队提供了从行动学习视角审视项目的一系列步骤。

表24　行动规划循环

6. 决定
我们是否已经准备好做出决定？
我们是否拥有一个明确的决策流程？
我们是否意识到，我们刚刚做出了一个决定？
或者，我们应该如何避免做出决定？

5. 发展建议
我们是否已经尽了全力确保所有可能的替代方案都被充分讨论过了？
我们是否清楚这些建议的影响？
我们的建议能否满足需求？

7. 授权和参与
合适的人员是否已经参与进来？
他们是否拥有所需的资源和相应的权威？

4. 收集信息 / 标杆
收集满足需求的必备信息的最好方式是什么？
谁应该参与获取和提供数据？
我们应该如何分析数据？

8. 实施
我们如何判断哪些措施有效，哪些需要改进？
我们如何在行动中和行动后实施审查？

3. 确定需求
我们的假设会产生什么需求？
哪些需求我们已经知道如何去满足了？
哪些需求我们不知道答案？

9. 评估结果
我们承诺了什么，我们做到了吗？
我们如何确保从成功和失败中学习？
我们庆祝了我们的成功吗？

2. 浮现、检查和挑战假设
我们是否已列出了所有的事实、信念、情感和看法？
是否对它们进行批判性思考了？
我们是否已经确定了所有的参与者、过程和组织相关的问题？

10. 使用评估来加强新循环
我们接下来 / 现在需要做些什么？
我们如何知道哪些已经改变、提升或减少？

1. 确定 / 重构项目
我们是否可以清楚地阐明 / 确定任务？
如果否，谁可以帮助我们？如何得到他们的帮助？

机会始于第一步，即识别/重构项目。这一步建立在这样一个前提之上：尽管项目及其相关信息刚刚由发起人提出或提供，但团队中的每个成员可能并没有接收到相同的信息。当参与者聆听时，他们每个人都是通过自己的认知框架，或者说是意义视角（meaning perspective），即我们用来过滤和理解进入的数据的结构、假设和期望，来理解所听到的内容。由于我们许多的意义视角并不总是在我们的意识之中，因此，行动学习小组讨论他们从发起人那里听到的内容变得尤为重要，以确定他们是否真的对项目的定义和界限有了相同的初步理解。如果不是这样，可能就需要更多的信息和进一步的讨论。

认知框架由两个维度组成。第一个被称为思维习惯，它被定义为一组作为过滤解释经验意义的假设。第二个是由这组假设产生的观点。第一个维度通常作为触发团队进入行动规划循环第二步的触发器，因为有必要揭示、检查并挑战每个参与者认知框架中的假设，以尝试达到对项目及其参数的共同理解。用于这一步的过程见表25。

表25　假设

什么？

假设是围绕一个主题的所有信念、思想、直觉和想法。我们用这些假设来指导我们的行为。

为什么？

当我们开始将自己的假设和推论当作事实时，我们就会陷入困境。由于我们每个人对主题的假设各不相同，因此在开始共同工作之前，澄清和挑战我们所有的假设变得非常重要。如果不这样做，我们可能会发现我们所认定的事实并不被共享，我们对项目的方法也不相吻合。

如何做？

1. 使团队就目前对项目的理解达成一致的陈述。
2. 反思并记录下你目前持有的假设。
   - "我认为我这样理解是对的……"
   - "我假设……"

续表

3. 分析这些假设：
   - 作为一个团队，在白板上记录下你们的假设，直到所有假设都被列出。
   - 你如何验证这些假设？如果你的假设不正确，或者不被其他人共享，会有什么不同的结果？
   - 你认为这些关键假设在多大程度上是可以被质疑的？
   - 在讨论之后，你可能会如何调整这些假设？
4. 回顾项目信息，以确定项目是否有所变化或进一步被澄清。

一旦团队的假设被明确地提出、检验、质疑和澄清，团队就能够确定如何重构项目。这一过程将在图6中得到更生动的阐释。请参考图6。

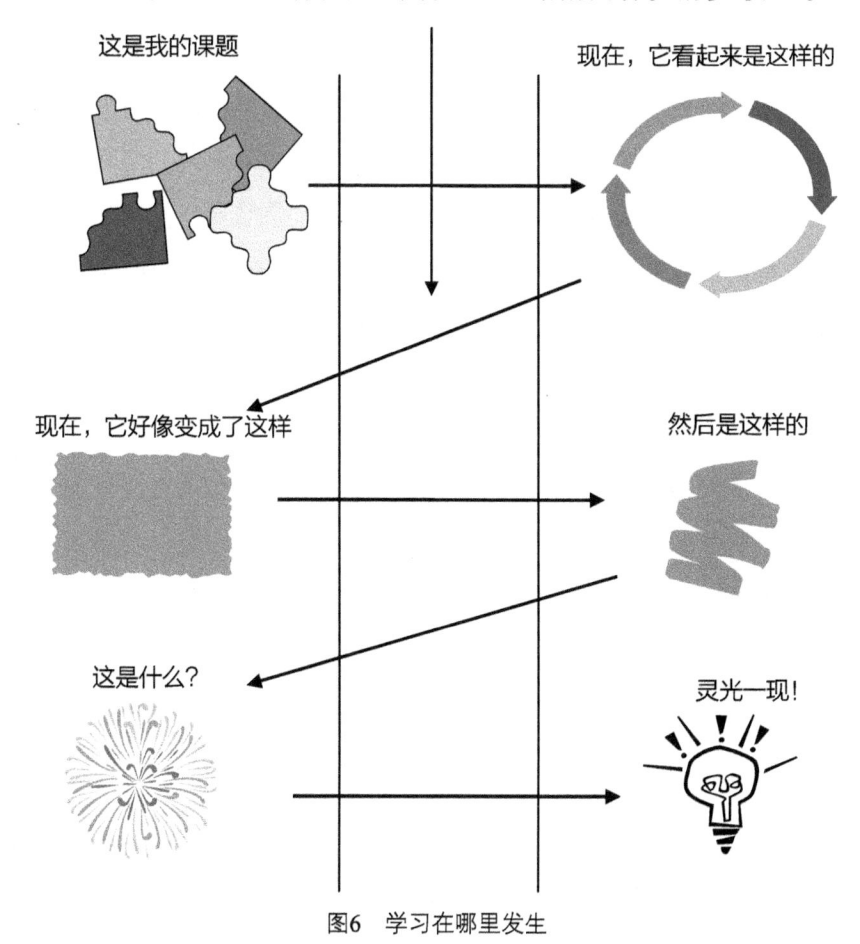

图6 学习在哪里发生

当团队继续工作时，他们继续对项目进行提问，并朝着最终的解决方案迈进。正如行动规划循环的第3步所示，需求逐步变得明朗了起来，这些需求直接来源于这些假设，以及在团队内不断质疑和反思过程中浮现出来的其他假设。

团队还要做什么来促进提问、质疑与反思

当团队在行动学习项目中进入行动规划循环的其他步骤时，质疑与反思成为行动学习项目工作的一部分。在行动学习中，学习发生的主要方式之一是提问或"洞察性提问"。这些提问被描述为"有辨别力的问题"或"新颖的问题"。具有辨别力、新颖性甚至看似幼稚的提问对于实现创新性解决方案至关重要。行动学习中的提问与其他项目工作中的提问最大的区别在于，行动学习中的提问不仅是为了寻找答案。相反，提问的目的是深入挖掘和达到更好的理解。提问不仅是为了寻找答案，而是一个探索的机会。玛利莲·哥德伯格·亚当斯（Marilee Goldberg Adams）指出，"提问定义了答案的形式和方向"。她广泛研究了"学习者"和"评判者"心态之间的差异，这种心态影响了所提问题的性质，进而影响了提问是否为创新思维开启了或关闭了机会。

正如其他新概念一样，提出好问题的技巧和艺术首先由催化师示范。正如第4章将讨论的，催化师的目标之一是示范新的行为，然后努力将这种新行为传递给行动学习的参与者。

对于所谓的好的提问，存在多种分类方法。最终的目标是提问应该具有挑战性、能够促进反思和学习，并能够激发别人说"我从未这样想过"。这类提问的例子可以在表26中找到。

表26　行动学习的提问类别

提问类别	提问示例
客观性	谁是关键参与者？
反思性	如果我们质疑组织为什么要继续做某事，你认为会发生什么？

续表

提问类别	提问示例
影响性	如果我们的建议会让他人失去工作,我们会有什么感觉?
探索性	这件事情为什么会发生?
解释性	我们认为接下来会发生什么?
挑战性	为什么一定要用这种方式?
连接性	如果我们做某事,对底线会有什么影响?
决策性	我们怎样才能使问题有所不同?

行动规划循环的每个步骤中都包含了一些问题,这些问题旨在引导团队完成整个流程。随着团队在循环中向前推进,行动学习催化师和发起人也扮演着支持者和挑战者的角色。根据项目设计的不同元素,团队可能需要在整个循环中实施和评估他们的建议,或者将建议交给另一个团队或受影响的部门来执行。在后一种情况下,行动学习小组通常扮演咨询顾问的角色。

反思是行动学习中不可或缺的组成部分。提供多种反思的机会可以增加项目成功的可能性。反思的本质与质疑性见解紧密相关,因为好的提问经常能够引导反思。"反思包括一系列流程,在这些流程中,学习者努力重现、发现和重新评估他们的经验,并将这些经验转化为学习。"反思本身不是目的,如果它不与经验和行动相结合,反思的好处就可能消失。

与前面讨论过的检验假设的概念相似,批判性反思涉及探索性提问,这与问题解决类提问不同。在批判性反思中,人们意识到他们的观点可能存在缺陷,因为这些观点已经被过滤,而这些过滤器是不加批判地接受来自家庭、学校和社会的意见、信念、态度和情感。这种有缺陷的观点可能会扭曲对问题的理解。即使是表面上的反思,其力量也是巨大的,而批判性反思则更为强大,因为它直接关注项目的核心。表27中的一些指导原则可以帮助团队理解反思的过程和合理性。

表27　反思的指导原则

什么？

请暂停，思考团队中刚刚发生的事情及其原因；批判性地审视你或其他人的行为和言论。

为什么？

反思可以使团队的工作更加清晰，为团队提供更多合作方式的选择，帮助团队更好地理解团队和个人的优势与改进空间，防止团队直接跳到错误的结论，并允许探索替代方法。

如何做？

- 在日程中安排时间，让团队停下来进行反思。
- 提出一些恰当的探索性和反思性问题，帮助团队集中注意力进行反思。
- 要求团队成员在学习日志上记录他们的想法和感受，然后再发言。
- 鼓励团队成员分享他们的反思。

引导团队成员思考这些反思对团队项目、流程和个人的意义。

还有一些其他有效的方法可以帮助团队将反思融入他们正在进行的团队工作中，并将反思的概念和益处扩展到工作和生活的其他领域。美国退伍军人事务部的行动研究项目团队就是一个典型的例子。

美国退伍军人事务部的行动研究项目团队

珍妮特·里德-赫克托和莱尔·约克斯

项目团队经常采用不同的方法来促进反思，并将这些方法介绍给了现场点。"我知道我知道、我认为我知道、我知道我不知道"的学习窗，以及对意外事件的开放态度，已成为团队会议和各种学术会议演讲的共同框架。然而，这种接受是伴随着挑战一起成长起来的。起初，也遇到了一些消极的抵抗。一位团队成员说：

在第一次会议上（有催化师出席），他开始采用一些做法来促进我们的学习……我对此感到厌恶……我感到浑身不自在。我一直在想的是……我们的时间有限，我们还没有取得任何成果，而现在我却开始了这个令人恼火的废话……它让我发狂，我不得不承认我真的不愿意。我的意思是我盯着纸，想不出任何东西，然后轮到我了，我只能成为别人的"应声虫"。

随着经验的积累和时间的流逝，这种做法逐渐成为这个流程中非常有价值的一部分。正如一位团队成员所说："这种学习法已经融入了团队的共同语言，不再是一个正式的事件。"另一位团队成员指出："学习实践……已经成为我们剧本的一部分。"还有一位成员说："引入这种学习法帮助我们相互交流……因为我们都在学习的模式之中……"

当团队成员对这种学习法越来越适应时，他们在行动中融入了更广泛的学习反思实践，包括通过可视化手段展示团队内不同角色之间的相互联系，以及进行收获学习成果的练习。一位团队成员分享了这些经验：

我们在华盛顿举行了一次项目会议……（包括）……收获学习成果。每个人都将项目中发生的有意义的事情写在便利贴上，并把它们贴在标注有时间线的大纸上……你可以看到，不同的人回忆起了不同的事情，也忘记了一些事情……我们原计划在上午用2小时来收集这些学习成果。实际上，我们决定延长到近5小时，因为它非常有价值，我们想要花更多时间来讨论。

另一位团队成员表示："随着收获学习成果的经验积累，我们可以将自己'悬停'在项目之上，全方位地审视它，然后带着新的视角下降回到项目中。"

后来，在该项目中，团队成员采用了类似的格式来审视来自现场点的流程和数据之间的关系（包括定量和定性的数据）。他们还使用学习窗对数据中的发现进行分类，并检验得出结论的假设。

尽管我们一直在讨论提问和反思，主要是从更深入理解项目和从中学习的角度，但在行动学习小组中，质疑性洞察以及简单或批判性反思同样适用于团队工作和参与者的自我认识过程。它们也可用于个人发展。有些提问方式可以指导这类反思，详见表28。

表28　反思性提问

情　　形	反思性提问示例
了解团队内发生了什么/没发生什么	作为一个团队，我们的表现如何？ 从团队的共同努力中，我们学到了什么？ 我们之间的沟通情况如何，原因何在？ 今天哪些方面发挥了作用，哪些方面没有发挥作用？ 关于团队，我学到的最重要的一点是什么？
了解项目发生了什么/没有发生什么	项目中发生了什么？什么没有发生？ 我能做些什么来影响项目的行动？ 关于项目的进展，我们的满意度如何？ 我从项目中学到的最重要的东西是什么？
了解接下来应该发生什么	在下次会议上，我们可以采取哪些行动？ 在下次会议上，我们希望继续进行哪些工作？ 基于目前所做的事情，我们的下一步应该采取哪些行动？
基于上次会议的进展情况，如何防止/避免上次会议所遇到的问题	上次会议上，我们做了哪些事情，希望在这次会议上继续进行？ 我们对上一次会议的感觉是怎样的？ 在上次会议上，我们为什么没有完成我们想要完成的事情？ 我们现在应该采取哪些不同的措施？
当日程或流程不奏效时，帮助团队开会	我们再次在一个议程项目上超时了。是什么导致我们无法遵守时间分配，我们又该如何纠正这个问题？ 我们似乎总是在重提议程项目/讨论领域。为什么我们在决策上不够清晰？
帮助参与者了解如何将所学转化到日常工作中	在团队工作中，我学到了哪些对我当前工作有益的东西？ 我如何根据我的行动学习小组的决策方式来改进我的决策过程？ 基于我在团队中的经验，我改变了哪些方面的领导风格？
帮助参与者就对会议成功所做出的贡献向小组成员提供反馈	每位参与者做了哪些事情，使我更容易做出贡献？ 今天谁对会议或电话会议做出了最突出的贡献？ 今天，我认为哪些反馈对大家来说很重要？

到目前为止，我们已经探讨了如何通过识别质疑、反思和假设，将学习融入问题解决策略中。以下是一些成功应用这些策略的案例。

沃尔沃卡车公司的管理项目

朱迪·奥尼尔、伊娃·阿内尔和厄尼·特纳

通过质疑和挑战组织的假设，最终在发起人的支持下，团队得以对最初的项目进行重构，使之在组织层面产生影响。团队最初需要识别"停机"（即卡车意外停止）的普遍情况，并找到解决方案。这看似是一个简单的概念，似乎不需要太多时间就能理解，但当团队开始讨论这个问题时，项目的范围发生了变化，从仅仅识别一般情况转变为从更系统化的角度审视问题。

通过对停机原因的分析，团队从服务机构和保修部门追踪到了设计和工程部门。他们开始意识到，由于缺乏系统性的沟通，关于生产问题和维修周期的有价值信息无法及时传递给正确的人。由于客户服务的重要性，停机这一相对简单的问题，逐渐演变成了客户、经销商、服务中心、分销商和制造商之间的关系问题；最终转变成了如何改善整个价值链的沟通问题。

项目团队在项目第三周与他们的发起人就计划和接下来的工作进行了深入的对话。发起人表示："这超出了我想让你们做的事情，我只是想得到一个更好的解决停机问题的系统。"团队回应说："任何人都能解决这个问题。组织内的人也能做到，我们必须从系统性的角度来看待这个问题。"

团队最终取得了胜利，随后的成果非常显著。一位客户参加了他们的一次数据收集会议，这位客户表示，由于他在停机处理方面没有得到帮助，他正考虑转向另一家公司。现在，这位客户坐在一群高管面前，告诉他们他打算不再选择该公司，而这些高管无法立即回应他。他们所能做的是回去向CEO汇报，并请CEO亲自去拜访这位客户。该团队的工作最终帮助公司开发了一个更快捷有效的方式，帮助公司找到造成停机的原因，并将所收集到的关于这个问题的信息反馈给了适当的部门。

另一个案例展示了问题提出过程的重要性，这是行动规划循环中最关键的一步。与问题解决过程相比，这一步骤更有助于发现问题的根源。团队被指派参与一个旨在提高员工满意度的项目。员工满意度调查结果显示，问题主要集中在几个领域。他们首先从外部薪酬调查入手，但是，当他们分析了组织内正在进行的全面质量运动及其与员工满意度的联系后，他们开始质疑，在真正拥有质量文化的企业中，有意义的工作是否会比额外的报酬或福利更有激励作用？通过对这一假设的深入研究，他们认识到，质量文化的一个关键要素是尊重。

随后，他们开始质疑并挑战组织对尊重的假设。他们意识到，在他们的文化中，一个表现出缺乏尊重的迹象是，员工经常在电话会议或闭门会议中被需要即时信息的人打断，尽管对方也表达了歉意，但这种行为让人感觉不被尊重，也无法产生高质量的工作，因为注意力被转移到了其他未完成的任务上。在这个项目的讨论中，问题的提出从外在奖励开始，然后转向有意义的工作，最终演变为在公司内部建立一种尊重文化，结果是员工满意度得到了提升。

辉瑞公司的绩效领导力项目为团队完成项目提供了不同的方法。虽然团队成员需要自己明确如何执行工作，但他们也获得了一个指导性框架和关键流程。

辉瑞公司的绩效领导力项目

查克·威廉姆斯

每个团队会议都要包括GRPI框架的使用：

G（Goals）——目标明确吗？

R（Roles）——角色确定了吗？

P（Process）——流程清晰吗？

I（International）——团队成员间的人际关系适当吗？

其他关键流程组成部分包括：

- 情感历程线（即由员工的生活经历所塑造的工作经验）
- 参与规则
- 标杆的技术要点和最佳做法
- 360度反馈
- 领导力评估（行为风格）
- 对于进展情况的反馈
- 团队建设活动（合作解决问题）
- 变革管理生命周期和领导力
- 利益相关者的罗列和管理
- 业务案例的开发和沟通
- 学习点的开发和完善
- 执行"金鱼缸"决策制定流程

行动催化师或顾问提供了众多框架、流程和机制，他们与团队及发起人合作，将这些工具作为一个整体进行调整和组织，以适应项目需求。这些工具集合是美国及国际多个领导力团队多年努力的成果。

如何区分团队项目与个人项目的项目工作

尽管两类项目的总体工作结果相似，都强调在解决问题与学习之间找到平衡，但处理个人项目的团队所采用的流程有所不同，因为他们需要解决多个问题。适用于这些团队的一般原则包括：

- 每位参与者都有特定的时间来提出或讨论自己的问题。
- 每位参与者都扮演两个角色：展示者和支持者。

- 参与者不向展示者提供解决方案，而是帮助展示者制订自己的行动计划。
- 展示者可以根据自己的意愿使用时间（尽管催化师通常会提供一些可选的指导）。

团队在解决个人行动学习问题上成功合作的一个例子详见表29。每位参与者都有分配好的时间，最好至少一小时，专注于自己的问题。他首先会介绍问题及其认为理解该问题所必需的背景信息。这段时间通常控制在十分钟以内。如果在项目中使用了"问题澄清表"（如第2章中的表16所示），那么它将为这次初步展示提供有用的信息。接下来，团队与参与者一起，就其对问题的思考提供支持性和挑战性的问题。由于这个问题是参与者一直在努力解决的重要问题，因此可以假设他已经考虑过了大多数现成的解决方案。因此，这项工作的目的不是提供解决方案，而是帮助参与者以不同的方式思考问题。

表29 个人项目行动学习的流程

你是展示者：
- 描述你的问题以及它对你为何重要
- 讨论你希望达到的结果/成果
- 描述成功将是什么样的
- 让团队关注你希望从他们那里获得的帮助
- 仔细倾听团队的问题、假设和框架
- 反思并回答，或者反思后再考虑
- 描述你计划采取的行动

你是支持者：
- 首先提出"客观性""反思性""解释性"的问题
- 最后提出"决策性"的问题
- 避免给出建议
- 不要打断
- 避免垄断发言权

续表

- 不要用太多问题轰炸展示者
- 提出你的假设
- 帮助重构问题

团队成员和催化师通过提问来启动流程。表30提供了一些示例。这个指南的目的是向参与者展示行动学习中所认为的质疑性洞察的一些案例。随着团队经验的增长，以及催化师示范提出好问题的影响下，参与者可以发展出自己独特的提问方法。尽管参与者可以立即回答问题，但我们通常建议他们将问题记录下来，而不是立即作答，这样可以维持他们持续提问并激发新想法的热情。稍后，我们将讨论参与者对所提问题进行的反思。

表30 行动学习小组提问指南

作为行动学习小组的一员，你的角色是帮助展示者从不同角度反思和思考他的问题，以便能够采取一些有效的行动。你的角色不是立即提供建议或解决方案。

客观性提问

发生了什么？

你做了什么？

具体是什么？

你能给我们讲讲那件事的更多细节吗？

涉及的关键人物有哪些？是所有人吗？总是这样吗？

你是说……？

还有什么其他事情发生了吗？

然后呢？

我们／我今天如何最好地帮助你？

反思性提问

你是说……？

你有没有想过问……？（你在那种情况下会提出的问题。）

你有没有探索／想过……？

如果……你认为会发生什么？

哪些方面做得好？哪些方面做得不好？

你希望通过做……来实现什么？

续表

	这让你感觉如何？
	如果换一个人、时间或地点，会有所不同吗？
	你认为……需要如何改变？
	你希望……如何回应？
	你能做什么？
解释性提问	到目前为止，你学到了什么？
	你认为真正发生了什么？
	你已经尝试过哪些解决方案，结果如何？
	这意味着什么？
	你在尝试找到解决方案时遇到了哪些限制？
	是什么促使你……？
	你认为……会如何帮助？
	如果你……会发生什么？
	为什么这对你来说是个问题？
	听起来你好像……你对此有何反应？
	你如何知道……？
决策性提问	你接下来打算怎么做？
	是什么阻止了你……？
	你如何能够……？
	你能做什么来改变这个问题？
	你认为……？
	……会有帮助吗？

流程的下一步与行动规划循环的第二步相似，即参与者对展示者的假设进行浮现、检验和挑战。由于焦点是个人项目，因此流程也有所区别。

1. 让团队成员反思并记录下他们对正在讨论的问题的假设，这些假设可能与展示者的假设不同。

- "我认为……"

- "我认为当我说……时，我是对的。"

2. 将每个团队成员的假设告知展示者。允许展示者质疑、反馈或仅仅倾听，这样他可以利用这些假设帮助自己从不同角度思考问题。

3. 或者让团队反思并记录下他们认为展示者持有但可能未意识到的假设。

如果时间允许，让展示者选择一个或两个他认为最具挑战性或最能帮他从不同角度思考问题的提问或假设。基于展示者对提问和假设的回答或反应，团队可以获得流程的最后一步所需的补充信息，即重构问题。这一步与行动规划循环中的团队项目相似，但对个人项目有更直接的关注。重构问题流程的更详细说明，请参阅表31。

表31　重构问题

什么？

当我们深入探究问题的根本原因和底层动力时，通常会发现我们最初对问题的构建是不准确的。因此，在批判性反思中，最重要的步骤之一就是重构问题。这一步也可能是一个反复的过程，在展示者同意问题已经被重构之前，可能会提出并探讨几种可能的问题重构。

如何做？

1. 作为一个团队，确保你已经从展示者那里获得了足够的信息，以便重构问题。
2. 每个团队成员分享他所认为的"真正"的问题，并解释为什么会这样认为。
3. 展示者应对每一个潜在的问题重构进行质疑、反思或仅仅是倾听。
4. 展示者需要确定他接下来将采用哪种理解——是原始的问题理解还是其中一个经过重构的理解。

在分配的时间结束前，展示者要做的最后一件事是决定他接下来要采取的行动，并向团队成员通报。团队成员通过质疑性洞察、提供挑战性的假设和提出有洞察力的框架，帮助展示者找到新的行动方向，这些方向如果没有团队和催化师的协助，他可能永远不会考虑。展示者也可能选择其他替代流程，我们将在第4章讨论催化师作用时详细阐述。

当一个团队项目与个人学习目标相结合时，实现个人目标的流程与个人项目中的实现方法相似，只是将重点转移到个人学习目标上（例如，第2章中表14所示的伯莱克斯的企业发展项目既包括团队任务也包括个人学习目标）。当整个项目围绕个人问题构建时，参与者除了专注于特定问题外，也可能有一个个人学习目标。在这种情况下，选择个人学习目标有助于个人项目的解决——如第2章中全球制药组织技术高层的项目所示。这种结合使得对学习的管理变得更加容易。如果这种结合不太可能实现，也可以单独为个人学习目标安排时间。

参与者如何使用学习日志

学习日志是一本记录个人在处理问题和经历项目过程中的想法和情绪、在反思机会中的反应以及对项目看法的手册。它对于帮助参与者完成任务和学习是一个有用的工具。隆德管理学院的典型做法是，在行动学习项目中，每位经理人都有一本空白手册，名为"领导力"，管理者必须写下自己的理论。他们应该根据自己的经验，以及从同事和相关主题专家那里学到的知识，形成自己的领导力观点。

学习日志从小的方面提供了对项目和团队工作的持续记录。从大的方面来看，它是一个帮助参与者从工作中学习的有力工具。随着我们对想法、意图和行动的意识提升，我们的理解力和学习能力也会相应提高。学习日志的使用，特别是对反思过程中想法的记录，为我们提供了停下来思考所做事情的机会，从而从行动中学习。它记录了有意义的事件，使参与者或团队能够更有效地规划未来的活动。瑞林认为，日志记录了个人的反思，之后我们可以在行动学习小组中公开地检视它。

学习日志可以被视为一个收集与已知观点相反的信息和经验的平台。它还可以帮助参与者更深入地了解目前的推理和相关的行为，或者激发他们思考在项目中所使用的新方法或新技能。

表3.2为在行动学习项目中如何维护学习日志提供了指导。

表32　如何使用学习日志

1. 记录你和你的团队对反思性提问的反应

在与团队分享之前记录你自己的想法非常重要。这是培养自我能力、增强自我意识和提高对团队中所发生事情理解能力的一种方式。这样，你可以更好地帮助自己和团队。

2. 写下

- 任务本身，例如："会议显示，我们不清楚客户的需求。"
- 或人际关系或团队进程，例如："我注意到，苏珊给乔的反馈方式特别有效，因为她……"
- 或作为学习者的自我洞察，例如："我意识到我喜欢通过探索和尝试来学习，而汤姆在采取行动前喜欢彻底研究项目。"

3. 记录重要事件

确定对你来说比较重要的经历。你可以提前写下这些经历，以便更好地规划，或在事件发生后，记下你认为有意义的事件。

4. 为自己而写，而非为他人的需求而写

不要为了另一位读者而写，即使你可能会在与学习伙伴和团队回顾经历时使用你的日志。你只需要分享你想分享的部分。

5. 包括如下说明

- 发生了什么事，例如："我尝试做 Y。"
- 你的评价和结论，例如："你学到了什么。"
- 任何将来可能提高效益的步骤，例如："下一次会议前，我需要制订一个计划。"
- 对基于学习结果的行动的反思。

6. 使用任何你喜欢的格式

记日志可以有多种方式。有些人喜欢以意识流的方式写，有些人喜欢在一致的标题下记录想法，有些人喜欢用图片或思维导图。你可以根据最适合你的学习风格的方式，在日志的左右两侧记录不同类型的信息。

行动学习项目成功／失败的其他因素有哪些

由于在行动学习项目中人们处理的是实际问题，他们不可避免地会遭遇到组织中影响问题解决的做法和观点，而这些问题的解决往往超出了他们的完全控制。这种现象在项目的任务涉及系统性变革时尤为常见，但即使不是系统性变革的任务，参与者也必须与组织中其他受问题影响的人协商，需要联合他们，以便问题能够更有效地解决。因此，正如其他系统干预一样，为了使项目成功，需要考虑的因素很多。正如本书前面所讨论的，高管的强有力支持对于任何变革干预措施来说都是至关重要的，这一点也是行动学习成功的关键因素。然而，还有一些因素，只有在采用行动学习这种方式时（特别是经验流派和批判性反思流派的行动学习）才需要特别考虑，因为这些项目可能会在系统中产生"噪声"，在组织中引起"巨浪"。这些因素详见表33。

表33 项目成功或失败的影响因素

支持成功的因素	导致失败的因素
高管按照该项目的愿景和价值观行事	高管没有承诺
信任而非恐惧的环境	不能容忍风险和错误
项目的协同设计包括人力资源、行动学习催化师和发起人，发起项目的业务单元认同项目的设计	并非所有的利益相关者都参与了项目的设计
参与者全程参与项目	有不连续、非全程参与的参与者
项目是大的战略变革的一部分	项目被视为昙花一现，也就是说，"这一切都会过去"
项目是组织重要的真实任务	项目被视为一项工作或对组织来说不具有重要性
行动学习催化师的反馈对进程至关重要	文化不能容忍开放、诚实和具有挑战性的反馈
发起人对进程至关重要	发起人没有动机，不参与，不理解自己在这个过程中的角色
组织理解和预料到项目会出现波浪式前进和不断变化的情况	组织只容许现状
参与者明白自己的角色，并且开放性地对待学习和用不同的方式进行思考	参与者没有做好充分的准备，或不支持学习和用不同方式进行思考，具有如下封闭的心智模式和表达方式： "我们已经尝试过了。" "我知道如何解决它。同样的事情在5年前就发生过。"

续表

支持成功的因素	导致失败的因素
参与者明白自己的角色，并且开放性地对待学习和用不同的方式进行思考	"这不是我的工作。" "我们不要情绪化。" "马上开始完成任务。" 团队动力的失调

英维思的行动学习项目是整合这些关键因素的成功案例——"高管按照该项目的愿景和价值观行事"和"项目是大的战略变革的一部分"。

英维思的"领导力在行动"项目

凯特·霍普夫纳·卡勒　KHK人力资本咨询

英维思每个业务部门的高级领导都参与了参与者的提名和选拔过程。业务部门领导了解了业务目标，简要了解了将要使用的方法和途径，以及他们对各自业务部门参与者的支持要求。第一次会议便立即明显看出，管理层的认可和参与对每位参与者来说至关重要。因此，为参与者的经理提供了额外的沟通，强调该项目的重要性，鼓励每位经理积极参与参与者学习目标的工作，并确保参与者能够投入时间和精力进行项目工作，包括差旅和离岗时间。我们还提出了一项战略学习干预措施，重点是培养这一人群对学习与业务能力之间联系的认识，并将这一认识纳入后续所有"领导力在行动"推广计划的设计中，以用于参与者的经理。

根据我们的经验，我们提供了一些我们认为有助于行动学习项目成功的最佳实践。这些做法的总结以及它们在本书中出现的章节，详见表34。

我们在本章中讨论的许多策略最初是由催化师传授、支持并最终转移给参与者的。为了更深入地理解催化师的角色，我们将在下一章中详细探讨这一角色。

表3.4 在行动学习项目中的成功做法

案例公司/项目	高管支持	协同设计过程	发起人准备	参与者准备	问题提出/重构过程	个人问题/个人学习目标过程	质疑性洞见	反思	学习日志
伯莱克斯的企业发展项目	第2章第40、41页	第2章第35、36、37页	第2章第50页 第3章第84、85页	第2章第46、47页	第3章第91页	第1章第28页 第3章第101页	第1章第28页 第3章第94页	第1章第28页 第3章第95页	第3章第105页
全球金融组织		第2章第36页 第3章第79页	第2章第50页 第3章第85页			第3章第101页	第3章第94页	第3章第95页	第3章第105页
全球制药组织						第3章第76、101页	第3章第94页	第3章第95页	第3章第105页
英维思的"领导力在行动"项目	第2章第40、41页 第3章第108、109页	第2章第36、37页	第2章第50页 第3章第85页	第2章第48、87页	第3章第91页	第3章第101页	第3章第94页	第3章第95页	第3章第105页
辉瑞公司的绩效领导力项目	第2章第40、41页	第2章第36页	第2章第50页	第2章第46页					
PSE&G的LIRW项目	第2章第40、41页	第2章第36、37页	第2章第50页	第2章第46、49页 第3章第96页	第3章第91页	第3章第101页	第3章第94页	第3章第95页	第3章第105页
美国退伍军人事务部的行动研究项目团队	第3章第78页							第3章第96页	
沃尔沃卡车公司的管理项目	第2章第40、41页	第2章第36、37页	第2章第50页		第3章第99页	第3章第101页	第3章第94页	第3章第95页	第3章第105页
VNU的开拓项目	第2章第40、41页	第2章第36、37、38页	第2章第50页	第2章第46页	第3章第91页	第3章第101页	第3章第94页	第3章第95页	第3章第105页

第4章

促进学习：
行动学习催化师的工作

我从不教学生，我只是试图为他们提供可以学习的条件。

——阿尔伯特·爱因斯坦

他说，到悬崖边上来。他们说，我们害怕。他说，到悬崖边上来。他们来了。他推了他们一把……然后他们飞了起来。

——纪尧姆·阿波利奈尔

影响催化师这个角色的因素有很多,其中最重要的因素是内在因素,包括催化师的背景、价值观和态度。我们可以用比喻的方式来表述这些影响,从而反映催化师所持的信念系统,正是这个信念系统,塑造了他的工作(见表35)。

表35 关于催化师的比喻

比 喻	描 述	引 语
激进者	催化师授权参与者,并利用这种授权去质疑和挑战权威	"当团队展现出反对权威的勇气时,这就说明效果已经显现。当我看到大家有勇气标新立异时,效果将会更好。"
自我奉献者	催化师将自己的需求置于团队需求之下,对他的工作表现出奉献精神	"他谈到在宽松的环境中工作……我们是寻求服务机会的服务员。"
潜水者	催化师将自己的工作描述为:深入团队,促进更深层次的学习	"……第一个层次是任务本身,其次是任务的过程……然后是团队的过程……接着是第四层……学习的过程。"
法官	催化师相信,他的主要职责之一就是"在那里",帮助人们创造一个可以自由学习的环境	"你表现出对整个团队的关注,然后就在那里聆听和观察团队的一切,这就足够了。"
智者	催化师能够借鉴自己的经验,与自己的心灵建立联系,并通过探索未知的世界进入谦逊的境界	"我们的智者远离团队成员……他把自己想象成另外一个人。这种思维方式可以帮助我们的智者完全沉浸在过程之中……这样,他让自己显得无知……"
魔法师	像传说中的梅林一样,催化师揭示无意识的矛盾,支持人们勇敢面对这些矛盾,并在问题出现时出现,构建了一个使学习得以发生的领域	"梅林是一个原型……他独自开辟了一个周围的人未知的维度……因此,他成为一个向导、一个监护人和一个与精神境界链接的纽带……"
本尼迪克特和耶稣	根据宗教的秩序,催化师需要为学习创造一个可接受的、支持性的环境(本尼迪克特),同时又要面对学习者,帮助他们突破认识的限制(耶稣)	"(本尼迪克特)让顾问鼓励成员互相给予支持,特别是急需的情感上的支持……只有(耶稣)让顾问有勇气和技能来激化选择,并告诉高管应该在哪里深挖,如果他要开始这个痛苦的学习过程的话……"

续表

比 喻	描 述	引 语
神秘制造者	这是许多催化师努力避免且最常受到批评的角色——催化师使他所做的事情充满神秘感，并通过这种神秘感使团队关注自己及自己所知道的事情。催化师"窃取"了团队的学习机会	"你要小心并克制。要知道自己在制造一个任自己横行的讲坛，背离了智者的身份。"

本章还涵盖了其他主题，包括：不同流派对催化师角色的看法；催化师如何根据组织需求，通过协同设计进行角色调整；催化师的职责，涉及在过程中为团队提供支持并营造学习环境；催化师之间的协作方式；如何培养催化师。

四个流派如何看待催化师这个角色

理想的状况是，根据每一个行动学习项目的协同设计，来决定催化师这个角色如何更好地满足某个特定组织的需求。然而，对于催化师这个角色来说，也有一些普遍规律可以在各流派中应用。

在许多绩效流派的项目中，通常不设置催化师这个角色，因为这个流派的假设是：只要精心挑选的参与者共同努力，学习就会自然发生，同时组织内外的专家会提供一些团队建设活动和信息。如果项目中确实使用催化师，他们通常会通过干预和团队建设的方式来帮助团队建立团队流程，其目标通常是加速对公司和项目的学习。

在科学流派的历史中，瑞文斯最初表达了对专家和催化师的担忧。他说，专家对了解行动学习的人可以起到一定的帮助作用，但"不应该作为'团队顾问'（催化师）……或其他专家出现，以确保参与者能够通过相互支持的方式，引入一些自发改善工作的尝试"。

然而，瑞文斯对催化师和团队发起人这两个角色进行了区分。他说，为了效益和管理时间的节省，在团队成立之初"需要一个外部角色，帮助团队通过有序的讨论来建立最初的信任和凝聚力；催化师的引入可以加速团队的融合，但在早期，必须保证这个角色的独立性"。因此，科学流派理念基于"偷走学习"的考虑，在反对持续使用催化师角色的同时，确实也看到了在行动学习项目启动之时，需要有一个角色来创建一个支持探询和学习的环境。

催化师通常是经验流派的协同设计中不可分割的组成部分，这个角色在整个学习周期内为团队的学习提供支持，他不仅要关注团队流程，还要关注学习。他不同于传统的管理培训师，催化师的职责不是"教"，而是提供一个条件，让行动学习参与者在这个条件下能够从项目中学习，以及从彼此身上相互学习。催化师主要使用提问的方式与团队一起工作，并通过这种方式向团队进行质疑性洞察的示范。反思对于确保通过真实的项目经历进行学习也很关键，这种学习必须是明确而有计划的，而非飘忽不定和三心二意。

和科学流派一样，经验流派认为催化师在开始时的作用特别重要。在一些情况下，催化师会成功地将技能转移给参与者，这样他就会逐步退出项目。当团队有几位有经验的行动学习参与者，他们全程参与了之前的某个项目，或者当参与者"具有对于团队流程和学习成果的意识和关注"，并有能力处理由此产生的问题时，这种情况发生的可能性会更大。

由于批判性反思流派项目中的反思超越了经验流派项目中反思的类型，催化师在创造批判性反思机会和促进潜在的质变学习中扮演着重要角色。由于催化师不是团队成员，且通常来自企业外部，他可以自由地从一个局外人的角度提出问题，因为他没有被该组织的习俗和规范所影响，不会受政治问题的制约。

当约克斯（Yorks）、奥尼尔、马席克、尼尔森（Nilson）和科劳德尼（Kolodny）研究批判性反思流派行动学习项目——格蕾斯可可——时，他们发现观察研究员这个角色在许多方面与催化师角色非常相似。他们把这个角色描述为"见多识广的野蛮人"（sophisticated barbarian），他具有局外人的天性，目的是通过新颖的视角来观察情况，然后根据观察提出批判性的问题，从而帮助参与者对认识进行重构。

除了在经验流派中所发挥的作用，批判性反思流派中的催化师还可以为团队提供如下帮助：

- 如何构建、重构项目/问题，或为项目/问题的构建提供替代性方案（因为复杂问题很少像它们最初看起来的样子）。
- 如何识别、澄清和测试参与者对于项目/问题的个人见解和理论。
- 如何反思项目/问题构建、检验和解决的方式。

不同流派中，行动学习催化师与团队互动的方式有何不同

对于催化师的工作并没有一个标准的规定，他在给定情境下与团队互动的方式受到许多因素的影响。在本章的开头，我们看到了一些实战派催化师对于催化师与团队互动的一些比喻。关于行动学习中学习是如何发生的，各流派的行动学习催化师的观点不尽相同，这也会影响到催化师与团队的互动方式。除了这些内部影响因素，还有一些外部影响因素，这些外部因素可能会影响到项目的长度和发起人的角色定位。在讨论外部影响因素可能造成的影响之前，我们先来看一个团队情境（见表36）的案例，并观察不同流派的催化师如何为团队提供支持。

表36　高级经理与项目团队的第一次会面

背景：一家大型高科技公司要求经理和主管团队完成一个新项目，目标是通过授权和自我指导的工作团队来实现质量和成本的改善。高级经理负责确定团队成员，并担任项目的发起人。团队成员需要从项目中尽可能多地学习，采取行动解决出现的问题，并对组织未来的发展方向提出自己的建议。项目启动已有6个月。虽然每次会议前团队都会邀请这位高级经理，但这却是他们第一次真正会面

续表

想法和感受	所说的话
哇，他终于来参加会议了。我们每次会议都会邀请他。对于这次会议，大家确实感到非常紧张	团队领导（对高级经理）：团队决定，我们的目标是帮助每个人确定如何消除所在领域的非增值性工作。每个人都会提出一个个人项目，并计划在明年实施。团队是项目改善的传声筒，帮助我们向前迈进，并采取下一步的行动……
什么！项目启动6个月之后，你才来参加会议，而且还不喜欢我们所做的事情	高级经理：这是行不通的。你应该制订一个精确的质量改进计划来削减成本。我们不需要传声筒
我们早该意识到。这可能是他对团队进行授权的真正意图	团队领导：我们被告知你已经给我们授权，可以确定自己的工作任务。那么，你实际上给了我们什么
哦，太好了，我们原本想要的就是这样的结果，现在我们得到了	高级经理：你请我来参加这次会议，是为了听取进度报告，然后我会告诉你我认为你们做了些什么
你一直在阻碍我们——难道你期望我们一事无成吗	团队领导：好吧，团队成员已经尽了最大努力，每次都要调整会议时间以适应你。你不断增加人员，把人换到不同的工作岗位……
你能相信这个人吗	高级经理：这就是现状。团队应该学习如何处理团队成员的变化，人们总是会流动或降职
绝不	团队领导：我们需要进一步讨论，我们会尽快带着团队的目标来找你

我们从思考"到目前为止会发生什么"开始分析。对于团队项目，绩效流派的催化师可能会分享有关组织文化的知识和练习，从而为团队提供一些信息。他们会专注于团队建设的活动，帮助团队在符合文化理念的范围内有效运作。其他三个流派的催化师可能会创造学习情境，在这些情境中，团队既要关注任务的完成，也要关注团队工作的流程。因为任务是团队自己的，团队需要用这个流程来提出好的建议，这些建议处理的是团队互动问题。如果团队自身运作不佳，任何建议都将失去可信性。

基于各流派的学习理念，即它们对于学习是如何发生的看法，催化师可以根据流派的不同来调整其做法，如表37所示。绩效流派的催化师可能希望帮助团队更好地理解高管和组织的期望。科学流派的催化师可能会

鼓励团队从系统的 α、β 和 γ 角度，也就是从科学的角度来思考遇到的问题；经验流派的催化师可能会关注个人发展方向，以及个人如何在互动中实现个人成长。除了个人方面，批判性反思流派的催化师还可能会建议团队研究那些对项目产生影响的组织的深层次问题。

表37 行动学习的不同流派对于虚拟案例的回应

比较点	绩效流派	科学流派	经验流派	批判性反思流派
催化师如何看待这次沟通	更好地理解企业文化的机会	情境分析的有利时机	从错误中学习的机会，发展个人技能	关注个人和系统的深层次的价值观和信念
在团队会议前对团队的干预	帮助团队对即将到来的互动进行角色扮演	对团队所采取步骤的进行反思，建议团队成员关注差距或需要的数据	反思情境；鼓励用行动来检测对管理者的理解；计划和角色扮演	帮助探索组织的假设；鼓励对于授权的质疑；计划和角色扮演
在团队会议中对团队的干预	询问经理的期望，以帮助团队达成成果	1. 没有干预 2. 请管理者加入到团队的情境分析中	1. 没有干预 2. 要求每个人一起思考所处的情境，以便从中学习	1. 没有干预 2. 把难题放在桌面上；对系统提出质疑；分享观点
在团队会议后对团队和/或系统的干预	帮助团队寻找满足高级经理期望的方式	重构问题，从学习的角度考虑接下来的数据收集工作	审视个人行为及其对个人成长和理解系统的影响；重构问题，规划下一步行动	分析团队对塑造个人行为和系统文化的力量的分析数据；重构问题，规划下一步行动

谈到外部影响，对催化师工作影响较大的是项目的长度。项目具有较长的时间跨度非常重要，原因有三方面：第一，有时间采取行动，这对行动学习至关重要。第二，既然大多数催化师会将自己的技能转移给团队，并可能最终退出团队，较长的时间对于实现这一目标非常必要。第三，随着时间的推移，人们可以建立深厚的信任，这通常能够使彼此给予和接受

更坦率、真实的反馈，从而从中学习。

时间也限制了催化师可以采取的工作方式。在组织中，随着时间成本的不断增加，催化师的工作方式也会受到影响。正如奥尼尔的调查所显示，催化师最终采取的工作方式往往不是他们的首选，"如果项目时间很短，我会不得不往前迈进一步，这可能看起来像'偷窃学习'"。

正如第3章中所讨论的，催化师的作用包括与发起人互动，特别是那些在协同设计中参与团队项目选择的发起人。当发起人参与项目时，他们在团队中的出现可能是积极的，也可能是消极的，这往往会影响到催化师与团队及发起人本人之间的互动。发起人的影响如下：

> 如果你与发起人的关系处到了你可以挑战他、干预他、他会亲自参与的地步，这是非常好的。另一种情况是，你努力与发起人搞好关系，但发起人并不理会，而你又必须完成这项任务。但你可以尝试各种方法。有这样的发起人是件好事，他可以向团队提出挑战，激励团队，并帮助团队认识到，"他为什么对此不感兴趣？他为什么被命令担任发起人的工作？是的，这是问题的一部分。他为什么要接受？"他们（团队）不得不成为问题的组成部分。

行动学习催化师在团队中做些什么

催化师可以采取多种干预措施来帮助团队。我们所讨论的许多干预措施，目的是帮助参与者和团队按照科学、经验和批判性反思流派的学习理念进行学习。一些催化师的干预做法与流程顾问的工作相似，或者基于流程顾问的工作，即发挥帮助团队提升互动水平的作用。然而，他们所做的很多工作不仅限于流程顾问的层面，而是深入到学习的层面。表38展示了流程顾问和催化师之间的差异，阐明了两者之间的区别。

表38 流程顾问和催化师之间的差异

流程顾问	催化师
问题出现时就进行干预	允许问题持续一段时间以便学习的发生
改进团队互动	帮助团队改变互动的方式
帮助发现或提供正确答案	帮助团队提出好问题
诊断问题	帮助团队学习，对问题的诊断进行反思
帮助改进流程和任务	帮助团队学习如何学习
推荐所需的培训	提供即时学习
帮助团队在现有状态下达到最好	帮助团队改变现在状态
支持单环学习	支持单环和双环学习

为了实现更深层次的学习，催化师致力于营造学习环境，而不是扮演授课讲师的角色。他们营造这些学习情境的方法多种多样。表39展示了催化师创建这些学习情境的一些方法。

表39 创建学习情境

情　　境	行动学习干预
创建学习的环境	强调保密 创建支持性的环境
对学习的特定干预	质疑反思 批判性反思 程序化知识和即时学习 使工作可视化 帮助团队进行不同方式的思考 挑战团队
学习的转化技能	帮助参与者彼此给予和接受帮助和反馈 帮助参与者学习如何进行质变学习 什么也不说，隐身

在学习发生之前，催化师有必要营造一种充分信任的环境，让参与者感到他们可以承担风险，如质疑自己和团队中的其他人、进行反思和挑战组织。在拉姆对沃尔沃卡车公司项目的研究中，参与者描述了一个开放、

信任和支持性的项目环境，在这样的环境中，参与者结成了朋友，可以安全地分享个人经历和反馈意见，这是变革性学习所必需的项目要素之一。她指出，催化师在项目中的关键作用之一就是营造这种环境。此外，在酒吧喝酒、共进晚餐和一起旅行等非正式时间也有助于为项目营造这种环境。

催化师应对团队和项目过程中的所有事项保密，包括参与者的发言内容、个人学习目标、对任务和目标的感受、他们想要采取的行动等，这对建立一种信任和学习的环境至关重要。保密性是许多催化师与团队共同约定的一个关键要素。

催化师通常在与团队建立合约时澄清他们的角色，并帮助团队理解学习发生的过程。当然，保密性是团队和催化师需要共同维护的，建立合约的流程见表40。

表40　建立合约

什么？
　　确立团队成员和催化师在共同工作时的角色期望
为什么？
　　建立期望能够避免混乱，并能够使未明说的期望变得明确
如何做？
　　催化师：
- 解释签约的原因和目的
- 征求团队成员的投入
- 举例说明他认为催化师的角色应该是什么，以及团队应如何互动
- 在白板上记录想法
- 对协议进行检查
- 达成最终协议

签约/建立基本规则的要素：
- 我们团队会议时共同工作的基本规则是什么？
- 在一些进展顺利的团队/会议上发生了什么？
- 在一些进展不顺利的团队/会议上发生了什么？
- 对团队及对催化师的期望是什么？

创造一种支持性的环境是团队组建之初就要着手的工作，并且这项工作应持续整个项目过程。无论是在催化师与参与者之间，还是在参与者

相互之间，都需要建立并持续加强信任。建立信任的一个方法是相互分享个人的事情，这可以通过不同的流程或活动实现。一些既简单又有效的活动，详见表41。

表41　关键事件介绍

将以下问题写在黑板或白板上：
是什么造就了你？

哪些关键事件让你走到了今天的位置？

是什么促成了你今天的身份？
- 原生家庭
- 现有家庭
- 学校
- 工作经历
- 社会

让团队用5~10分钟的时间进行反思，并在他们的日志中写下对这些问题的回答。根据练习所允许的时间，你可以建议参与者专注于一两个关键事件领域。让每位参与者与团队分享他们的回答。作为催化师，你也应当参与其中。对于一个6人团队，为这项练习预留1~1.5小时的时间

创建必要的环境这项工作一旦启动，催化师就需要不断寻找机会来维持这种环境，以便学习能够在其中发生。催化师使用的方法包括：对团队进行质疑、运用反思和批判性反思、利用"P"学习内容或即时学习、使团队的工作"可视化"、创造条件帮助团队从不同视角思考其任务、使用挑战团队流程的策略等。

在第3章中，我们讨论了提问和质疑性洞察。提问是催化师最常用的干预措施之一。催化师提出的问题必须是支持性和挑战性的。他们需要提出真正的问题，而不是将建议伪装成问题，并帮助参与者以全新的方式思考，特别是在批判性反思流派的项目中。通过提出好问题，催化师也在向参与者展示他们希望传授的行为，这些行为在行动学习项目期间以及回到工作岗位上都会用到。

第3章还讨论了反思与批判性反思。反思可以事先规划，也可以在团队遇到困难或"卡住"时使用。在许多情况下，催化师经常通过提问帮助团队通过反思进行学习。一个支持性环境的建立有助于催化师运用批判性反思。在这样的环境中，参与者能够更自在地审视自己的信念、经验和思维模式，并将他们的行动和想法背后的"想当然"的思维模式暴露出来。拉姆向我们展示了在沃尔沃卡车公司的管理项目中，催化师是如何运用提问、反思和批判性反思的。

沃尔沃卡车公司的管理项目

沙龙·拉姆-哈特曼博士　　Inside Out Learning公司CEO

隆德管理学院或国际管理领导力中心的催化师致力于帮助每个团队从行动中学习，并在行动与反思之间找到平衡。他们在流程催化、个人和团队催化方面非常擅长。这些催化师支持团队围绕业务流程进行学习，采用即时学习的教学方法，并持续挑战参与者的心智模式和工作方式。他们鼓励参与者对自我、领导力、团队以及公司或业务问题进行深入反思。通常，团队会先回应催化师提出的问题，然后进行讨论，分享他们的反思成果。在"反思时间"中，催化师运用检验、练习及相关理论，对团队和个人在自我认识、团队协作、业务理解以及领导力方面的学习进行质疑、挑战或提供支持。

催化师是发挥质变学习潜力的关键因素。尽管参与者没有直接指出催化师是促进质变学习的决定性条件，但他们提到了许多在催化师引导下进行的活动（如反思时间）。这表明催化师确实发挥了重要作用。一个好的催化师应该让自己隐形，并创造一个环境，让学习来自参与者本身。

在第2章中，我们了解到了各种"P"学习内容的学习方式，如演讲、练习、课堂培训等，这些都是项目协同设计的一部分。即时学习则有所不同，它可以是一次小型示范、练习或工作指导，关键在于催化师会在最合适的时刻向团队提供帮助。因此，每个团队的即时学习都是独特的，有些课程在一个团队中可能根本不会被使用。许多即时学习的选择是基于项目协同设计的，但由于行动学习的不确定性，催化师需要随时准备应对各种可能出现的事件。

很多时候，催化师会询问团队成员是否对那些能够帮助他们解决当前困境或问题的工具感兴趣。如果团队认为需要，这将使他们能够在没有催化师的情况下继续前进。还有一种情况是，催化师发现了问题，并询问是否有团队成员能够提供帮助，这是持续转移催化师技能的一种方式。

在项目中，当团队首次到达需要做出决定的时刻时，通常会出现即时学习的机会。有时，参与者并没有意识到他们正处于这个关键时刻，因此催化师可能需要通过提问来使这个学习机会"可视化"。例如，催化师可能会问："关于这个问题，你们已经讨论了相当长一段时间了，为什么还没有达成共识呢？"由于大多数团队成员事先没有制定决策流程，一旦团队感到需要做出决定，催化师就可以向团队提供一个在行动学习项目中证明有效的流程。这样的流程示例见表42。

表42 寻求共识——五指共识法

什么？
举手（Fist to Five）：检验共识的工具
举手是一种检验共识的方法，成员通过这种可视化手段来表达他们对某个决定的支持程度。不同的手势代表不同的意见和立场

为什么？
使用这种可视化手段来检测共识的程度，每个人都可以看到其他人对于决定的立场。这样，团队领导就可以引导团队成员交换意见，对未考虑到的新信息提出期望，达成共识，或者做出不同的、更好的决策

如何做？
团队成员通过举手来表达以下立场：

拳头	我坚决反对这个决定 我要阻止这个决定或离开团队
一个手指	我可以接受这个决定，但不满意 我不喜欢它，但不会阻止它

	续表
两个手指	这个决定不足以让我感到兴奋 我会勉强支持它做一些工作
三个手指	我认为这个决定还可以 我会参与其中
四个手指	我认为这个决定很好 我会积极支持它
五个手指	我认为这个决定非常好 如果这个决定不被采纳，我会考虑离开团队

使团队工作"可视化"可以促进学习，因为它能让参与者意识到那些他们可能未觉察或仅从一个角度看到的事物。这有助于团队更专注于任务本身，而不是仅仅关注团队的动能和状态。在这种情况下，催化师可以尝试使用不同的方法来使团队工作"可视化"。一些催化师可能会采用前文提到的方法，而其他人则根据自己的背景或理念使用其他类型的干预措施，如角色扮演或图表说明等，来展现团队当前的动态。在奥尼尔的研究中，一位催化师描述了她的干预手段：

我说，我现在看到了很多。你们想让我分享我所看到的吗？如果你们同意，我会讲述一些你们可能不熟悉的事物。然而，你们可能会立刻否认，说那并非事实。但如果你们愿意，就可以从我的话中发现一些端倪。那么，我就将这些分享给你们。这实际上是一种引导，因为我揭示了他们所了解的，以及他们认为别人未曾察觉的事情。

特别是在批判性反思流派中，催化师寻找机会帮助参与者从不同角度进行思考是非常重要的。在第3章中，我们介绍了可用于这一目的的各种流程。以下是我们常用的另外两个流程。当协同设计的是个人项目或个人学习目标时，在项目过程中团队使用的一个流程被称为"隐藏的观察者"（Fly on the Wall）（见表43）。这个流程可以用于提出问题、做出假设以及重构问题或个人学习目标。在团队项目中，团队可能会在使用相同和/

或非系统的文化视角来看待自己的项目时遇到障碍，我们使用一种被称为"造龙"（见表44）的活动来帮助参与者打破这种固定心态，此外，还有许多其他的活动或创造性思维方法也非常有用。

表43　隐藏的观察者

团队成员向其他人介绍的内容包括：自上次讨论问题或个人学习目标以来，他所采取的行动、行动的结果、目前对问题或个人学习目标的思考，以及其他相关信息。基于这些介绍，团队可以先用较短的时间进行提问，以澄清和更好地理解问题。

这段时间应尽可能简短，之后，团队成员继续就他们所听到的内容进行讨论，仿佛提出这个问题或个人学习目标的人不在现场一样（他可能成为"隐藏的观察者"，仅进行倾听和记笔记）。讨论既要具有支持性，也要具有挑战性。团队应该像问题或个人学习目标的提出者不在场一样进行对话。要做出陈述，并要从各种视角提出问题，以继续帮助问题或个人学习目标的提出者深入思考所遇到的情境。

讨论结束后，问题或个人学习目标的提出者被邀请加入谈话，进行回应、澄清和讨论。基于这种互动，团队请问题或个人学习目标的提出者确定他将要采取的行动

表44　"造龙"创新思维训练法

发现事物间的关系和模式，将不相关的元素结合起来建立联系的能力，是创新思维的基础，也是形成理论化和系统化思考的重要方式。通过这项练习来培养这种能力，意味着要从不同的视角将那些看似毫无关联的事物联系起来。

例如，你能找到以下两组事物之间的联系吗：

牛蛙和互联网？

牛蛙的蹼帮助它们在水中游泳，互联网帮助人们在信息的海洋中导航。

东方地毯和心理学？

东方地毯的复杂和重复图案可以代表心理学研究的复杂性和深层次。

明白了吗？现在尝试为以下每组事物找到三或四个联系：

橡树叶和人手

豪猪和电脑

武士和国际象棋

格什温的《蓝色狂想曲》与雨

杂技和你的职业

全球经济和波多贝罗蘑菇

面对团队的挑战，通常能够促使参与者从不同角度进行思考。然而，

这个过程因人而异，因为催化师需要引导团队更深入地审视他们的思考过程，而不是仅仅停留在他们习惯的看问题的方式上。实现这种干预的方法之一是运用行动科学的工具。在美国退伍军人事务部的行动研究项目团队中，催化师就采用了这类工具。

美国退伍军人事务部的行动研究项目团队
珍妮特·里德-赫克托和莱尔·约克斯

催化师介绍了几种学习方法，包括反思和对话、右手-左手栏讨论、推论阶梯和学习窗。这些方法有助于揭示团队的经历和个人所持有的假设，并对它们进行深入反思。

在第一次项目团队会议中，催化师简要阐述了流程顾问和行动学习催化师角色之间的区别。随后，他与团队建立了合约，以便观察会议并在适当时提出学习建议。会议进行了大约一小时后，团队似乎在各个主题之间徘徊，缺乏聚焦。此时，他询问团队是否可以提供一些学习建议。他介绍了左手栏的概念，并引导团队通过停止、反思、对话的流程，要求团队成员安静地反思几分钟，注意自己的思考和言语。之后，不进行讨论，每个人回到桌前，分享自己的左手栏以及对团队下一步行动的看法，这促成了高度的共识，会议也因而聚焦。项目中也运用了其他干预措施，包括会议结束时的最终反思。

我们从欣赏式探询的概念中发现了一个极为有用的工具，我们称之为TALK模型（见表45）。我们教导参与者如何在面临特别困难的对话时运用这一工具，这些对话与项目相关，可能发生于团队内部，也可能出现在组织层面。

表45　欣赏式探询TALK模型

什么？
一种方法，帮助你进行一对一的沟通
- 意识到你自己的思维和推理过程
- 使你的思维和推理过程对他人可视化
- 询问他人的思维方式和推理过程

这也是一种帮助你区分对实际发生的事情所做的假设和推理的方法

为什么？
- 谈话结果对你极为重要
- 你想确保自己被他人清楚理解，并且你也清楚理解他人
- 过去在项目沟通上你遇到了困难

如何做？

Tell 表示从一开始就告诉对方你的想法
　　—用你直接观察到的或听到的导致你得出结论的例子来说明你对情况的假设

Ask 表示询问对方是否对情况有相同的解释
　　—如果否，请对方解释对情况的其他看法

Listen 表示倾听对方的回答
　　—倾听指的是陈述所理解的内容，检查这是否是原意，探讨分歧，并努力就情况的共同含义达成共识

Keep 表示对他人的观点持开放态度
　　—要使谈话或对话富有成效，所有参与者都必须承认自己对情况的解释只是众多解释中的一种；因此，共同的意义只能来自于接受并展现我们对不同观点的接纳和包容

正如我们在本章中多次提到的，作为工作的一部分，大多数催化师努力将自己的技能传授给参与者，以便最终能够退出这项工作。参与者如何有效学习催化师的技能，在第3章关于个人的行动学习项目中已有讨论，这种方法既适用于问题解决，也适用于个人学习目标的实现。由于催化师和参与者都参与这一过程，参与者可以学习并模仿催化师在提出好问题、提供和挑战假设、重构问题或目标等方面的技能。此外，在许多行动学习项目中，我们建议将反馈会议作为协同设计的一部分，这样参与者不仅可以从催化师那里学习，还可以相互学习。催化师参与这些会议，提供和接受反馈，以示范流程中的这两个方面。有关反馈和练习的指南，请参见

表46和表47。

表46　良好的反馈原则

反馈是一种帮助他人思考如何改变其行为的方法，它是向个人（或团队）提供信息的沟通方式，这些信息涉及个人（或团队）对他人产生的影响。正如导弹系统中的反馈机制一样，反馈可以帮助个人维持朝向目标的行为，从而更有效地实现目标。

有效反馈的一些指导原则包括：

- 描述而非评价。通过描述自己的反应，让被反馈者自行决定是否采纳他们认为合适的内容。避免使用评价性语言，以减少对方的防御心理。
- 具体而非笼统。与其说一个人表现强势，不如具体指出："刚才在我们讨论问题时，你没有倾听他人的意见，给我的感觉是我不得不接受你的观点或面对你的攻击。"
- 直接指向可变通的行为。反复提醒一个人关于他无法控制的缺点会增加挫败感。
- 征求意见而非强加自己的观点。当反馈接受者已经考虑过并能够回答他自己提出的问题时，反馈最为有效。
- 把握恰当的时机。通常，在行为发生后尽早提供反馈最为有效（当然，这取决于个人对反馈的准备情况以及他人能够提供的支持程度等因素）

表47　有效给予和接受反馈的练习

每位参与者都需要为团队中的每位成员提供个人反馈。这将是你们正式讨论合作的主要机会。由于好的反馈需要一些时间准备，我们希望提前给你们提供一些信息，以便开始准备。

在为团队中的每位成员准备反馈时，请查看相关标准。为了与这些标准保持一致，你可以使用自己的学习日志，查找有关这个人的具体行为记录。尽量提供自项目开始以来对他行为的全面反馈，而不仅仅是最近发生的事情。

为了给整个团队提供一致的反馈，请确保你为每个人准备的反馈能够回答以下问题：

- "你做了哪些对我有帮助的事情？"或者"我最欣赏的是什么？"
- "你应该多做些什么？"
- "你应该少做些什么？"

例如："感谢你在会议上展现的领导力。在第一次会议上，在我们进入角色之前，你帮助我们设置了议程，使我们能够根据行动项目高效工作，几乎没有浪费时间。你的行动导向态度一直在帮助我们前进。然而，你需要确保不要让这种态度过于强势。作为领导者，有时你也需要和那些善于反思的人核实，确保他们已经准备好继续前进。我喜欢你偶尔写的幽默电子邮件，这些邮件帮助团队缓解了紧张气氛。请继续运用你的幽默感。"

催化师希望参与者掌握的另一项重要技能是，如何将项目中的所学应用到工作或生活中。许多协同设计已经包含了一定程度的迁移元素，催化师的任务是帮助人们加强这些元素。例如：

- 结合一般原则与最佳学习时机的概念（由催化师示范的即时学习），展示原则与团队经验之间的明确联系。
- 在反思期间，催化师可以提请参与者注意，团队目前的问题在原理上与早期经历和组织所面临的问题之间的相似之处。
- 利用行动学习会议之间的时间间隔，参与者可以在工作中尝试新的行为。催化师和团队可以讨论并质疑这些行为，以加强行为的转化。

在英维思的项目中，催化师努力在与团队共同工作时建立这种学习情境。

英维思的"领导力在行动"项目

凯特·霍普夫纳·卡勒　KHK人力资本咨询

在项目期间，每个团队都配备了催化师，其职责包括：

□ 与学习发展副总裁共同设计项目。

□ 开发并传授项目设计中推荐的"P"学习内容的学习。

□ 在正式会议及会议间隙为团队和个人提供催化服务。

□ 提供批判性反思的机会。

□ 在参与者发展和实现个人学习目标的过程中提供支持。

□ 进行团队评价和反馈。

□ 确定有助于项目团队工作的工具。

催化师提供的以下工作对参与者极为宝贵：

□ 进行批判性质疑。

□ 促进技能发展和即时学习。

□ 提供个人观察和反馈。

□ 进行团队评估和指导。

□ 支持发起人。

正如前面在拉姆的案例中提到的，"一个好的催化师应该让自己隐形，并创造一个环境，让学习来自参与者本身。""无为而隐"这个概念可以通过多种方式实现，包括退一步，让团队从自己的错误中学习，以及让他们自己找到答案，以此帮助团队成长。"催化师让团队成员陷入困境，甚至让他们在困境中停留一会儿。"在这种情况下，催化师希望团队学会如何识别过程中的问题，或者如何停下来进行反思以厘清思路。这并不像听起来那么容易，即使催化师这个角色已经被确认并已经建立了合约。团队可能会给催化师施加压力，让他扮演"专家角色"，而不是帮助他们通过自己的经历进行学习。人们从反复尝试和针对错误的反馈中学习得更好。正如一位催化师所说，"你必须习惯于人们会产生抱怨这个事实，他们会说，'为什么你不在三小时前告诉我们这些呢？'"

因此，在某些情况下，催化师选择什么也不做，让团队自己理出头绪，解决问题。例如，当催化师明确决定不干预，观察团队是否能够应对一位参与者的攻击性行为时，这个原则得到了体现。"他们感到奇怪，那个坐在那里被认为是专家的人，实际上却什么也没做。"

如何与其他行动学习催化师协同工作

行动学习催化师大多单独工作，因此缺少与其他催化师合作的经验。即使在有多位催化师共同参与的项目中，他们之间也往往缺乏足够的交流与互动，因为他们的注意力、时间和精力主要集中在团队上。然而，在本书讨论的许多项目中，催化师会协同工作，他们是如何互动的呢？

VNU的开拓项目展示了催化师这一角色如何根据项目需求灵活调整。在该项目中，我们实施了一种称为"协同催化"的方法，允许我们在不同团队之间轮换，并让内部催化师和项目经理熟悉所有参与者，确保他们与任何团队在一起时都不会出现不认识的情况。

由于催化师在团队中的工作通常是保密的，我们需要首先获得三个团队的许可，才能分享必要的信息，确保我们能够在不干扰团队工作的情况下进行轮换。

通过对共享记录的持续分析，我们能够利用团队的反思结果，更深入地了解不同团队的挑战和成功之处。

VNU的开拓项目

霍利·奥格雷迪　VNU集团

在第一个项目期间，我和一位外部催化师各自负责一个团队，同时我招募了第三位内部催化师，他是一位才华横溢的人力资源通才。当我开始为下一个项目制订计划时，遇到了几个问题。我意识到，由于总是与一个团队紧密合作，我没有太多机会了解其他团队的参与者。此外，尽管我在内部招募了催化师，但由于不断变化的业务需求，那些原本感兴趣的人已经参与到了其他新项目中。

鉴于这些变化，我们提出了在三个团队之间轮流进行"协作催化"的方式。为了实现这个合作流程，我们需要重新设计首次的面对面会议，确保在团队的虚拟会议开始之前，我们能够与所有团队一起工作。在轮换过程中，团队也逐渐适应了我们的风格。在团队会议之前，我们会为彼此做好记录。记录通常包括团队讨论中的角色、会议的运行方式、决策是如何做出的（或未做出的），最重要的是，团队在电话会议结束时的反思。尽管我们没有事先约定记录信息的方法，但我们仍然能够捕捉到每次通话中的关键事件，这些事件帮助我们在团队间轮换时建立起连续性。我们也告知团队我们会交换记录，这样，当新的催化师加入电话会议时，他们就不必从头开始。

回顾我们第一次"协作催化"的过程，我们发现反思的利用成为了解团队项目进展情况的一个非常重要的指标。早期，我们发现一个团队由于个性和时间管理技能的原因遇到了一些挑战。与其他两个团队相比，我们注意到这个团队在反思过程中遇到了困难。该团队的进程存在一些阻力，而且，会议运行管理的不善常常导致他们放弃集体反思。相比之下，其他两个团队能够在没有催化师推动的情况下采用反思的做法，并将这个工具作为改善工作方式和提升对项目理解程度的有效方式。

我们通过文档分析能够识别出导致团队遇到挑战的一些因素。得益于所做的记录和随后的讨论，当第三个项目的团队出现一些曾在第二个项目中具有挑战性团队的迹象时，我们成功地进行了干预。此外，为了鼓励团队更深入地进行反思，我们捕捉了一些事件，作为积极发展或可能出现问题的早期指标。我们的笔记实际上是团队历程的反映，通过这些记录，我们对团队的经历进行反思，并在这个过程中，与每个团队共同工作时都能够产生新的观点和方法。

总体来说，根据参与者的评价，团队之间的轮换过程完成得非常出色。因为我们的记录旨在捕捉会议上有意义的要点，一位参与者指出，"每位催化师都能够跟上每个项目的节奏，这一点令人印象深刻，即使他们并没有参加每次的讨论"。

虽然持续与一个团队在一起会更容易一些，但我发现为所有团队提供帮助为我提供了更好地进行一对一辅导和反馈的机会。基于参与者对团队的贡献，我强烈地意识到了每位参与者的能力，并能够强化和支持他们通过项目所获得的个人收获与成长。

PSE&G的LIRW项目需要更多的催化师和外部项目经理的灵活性和协调性。在超过3年的9个项目过程中，共有14位不同的催化师参与了进来。

PSE&G的LIRW项目

朱迪·奥尼尔　学习与领导力公司总裁

在项目的每次会议前，会选出三位行动学习催化师，选择依据包括他们的背景、经验的多样性以及时间的可行性。第四位催化师在整个项目中同时扮演项目经理和催化师的角色。这四位催化师各自独立工作在一个行动学习小组中，并组成一个催化师团队。他们首先根据外部项目经理的口头和书面介绍进行工作准备，随后召开催化师团队会议。在许多情况下，由于催化师之前互不相识，也未曾共事，因此了解每个人的背景、他们将为团队带来的优势，以及他们对催化师工作的看法和假设是非常重要的。他们还以团队形式与发起人会晤，然后分别与自己负责的团队的发起人单独会晤。这些会议对催化师团队至关重要，在会议中，他们了解了项目设计的情况。项目设计要求他们在整个项目中作为一个整体工作，而在各自负责的行动学习小组中则独立工作。

由于每个催化师在各自团队中的工作是独立的，一致性成为一个问题，特别是在各团队强调多样性的情况下。此外，催化师需要在个别行动学习小组的需求与项目需求之间找到平衡，如果催化师单独工作，这种平衡就无须考虑。一致性和平衡可以通过以下两种方式解决：

一是通过项目经理与催化师的联合角色。这个角色在许多方面都会提供帮助，为项目带来连续性，包括会议之间以及不同团队之间的连续性。它也是每个团队中催化师的检查点，检查他们对组织、整个项目以及他们与各自行动学习小组之间的互动所提出的问题、议题和顾虑。此外，这个角色是催化师个人与团队的助推器，有助于确保整个项目团队和每个行动学习小组的工作都符合项目的主要范围与边界，同时平衡催化师个人的需求和行动学习小组的需求。

二是催化师团队需要投入大量时间进行准备、汇报和相互提出反馈意见。这些讨论使催化师能够更好地了解各自团队中可能发生的情况，特别是其他团队和整个项目的情况，同时也能获得有用的建议和支持，以帮助他们解决团队中的难题。

如何选择和培养行动学习催化师

正如前两个案例所示，组织需要决定是使用内部（公司内部）还是外部（外部顾问、学者）资源来担任催化师角色。除非组织内已经拥有经验丰富的催化师，否则最初通常会依赖外部资源来培养内部能力。从长远来看，每种选择都有其优势和劣势。具体请见表48，其中列出了使用内部和外部催化师的利弊。

表48　使用内部和外部催化师的利弊

	利	弊
内部	可能比较容易获得	在进行"文化之外"的操作时会有困难
	成本低	面对组织内的参与者时会有困难
	易于在组织内部内化学习技能	不易得到
外部	经验丰富	成本高
	不受组织文化束缚	不易于在组织内内化学习技能

内部催化师的优势：考虑到组织的具体情况，人力资源部门内部可能已经拥有一些具备成为催化师所需技能的现成资源。如果确实如此，这些人员就可以被专门指派来负责行动学习项目。通过让这些现有资源接受培训并担任催化师的角色，他们就能够将技能传授给组织中的其他成员。

内部催化师的劣势：行动学习中最重要的干预措施之一就是提问。不能低估提出天真、新颖问题的能力，但"在组织内部"这一事实给这一干预措施造成了困难。催化师需要对团队提出挑战，需要把焦点对准习以为常的行为和思维模式。除了连认识到自己习以为常的行为规范都有困难，内部催化师还需要以可能导致学习者对催化师产生负面反应的方式来面对自己组织中的其他人。最后，如今并非所有组织都有现成的资源。人力资源和职能部门的削减可能会使这一选择成为泡影。

外部催化师的优势：有些经验丰富的行动学习催化师能够帮助组织判断行动学习是不是恰当的干预方式。如果行动学习是正确的选择，外部催化师随后可以帮助组织决定哪种流派的行动学习和协同设计最适合组织需求，并协助实施这个项目，包括担任催化师的角色。外部催化师不会遇到内部催化师所面临的问题，他们从外部角度运作项目，避免了"今天挑战你，明天却要和你共事"的风险。

外部催化师的劣势：成本较高。在考虑使用外部催化师时，成本是一个重要的考量因素。如前所述，大多数行动学习专家支持将技能传递给参与者和组织的理念。由于外部催化师承担了大部分催化工作（如果不是全部的话），因此需要特别关注如何将催化技能内化到组织中。

关于如何培养催化师，存在一些普遍认同的观点。首要步骤是让潜在的催化师参与行动学习项目。如果个人没有作为参与者亲身经历这一过程，那么他在未来为参与者提供理解和支持将会很困难。因此，企业通常会选择使用外部催化师来帮助启动项目，然后尽快由内部催化师接手。这个人首先需要作为参与者加入项目，随后，再以一位经验丰富的"影子"教练的身份跟进项目，由资深导师指导，与团队共事，或深入一个团队，和团队一起工作。

研究表明，根据新催化师的背景，组织一些培训可能更为适宜。为了建立理论基础，新催化师需要理解这些理论的形成背景，这就需要介绍行动学习的不同方法及其各自的假设。

成人学习理论的基础知识，如从经验中学习、质变学习等，应当纳入催化师培养的内容。与行动学习理论相一致，新催化师作为参与者参与行动学习过程的反思，应当成为其学习的一部分。

如果新催化师尚未掌握团队流程催化的技能，那么应将这类正式课程或发展机会包括在内。在任何情况下，新催化师理解流程顾问和催化师这两个角色之间的区别都是非常重要的。

在审视了催化师角色的复杂性之后，我们将转向关注经过良好设计的行动学习项目的结果，以及我们到目前为止讨论过的各种因素是如何促进这些结果产生的。

第5章

量化成果：
行动学习评估

即使找对了路，但你停滞不前，也会被车轮碾压。

——威尔·罗格斯

学习不是义务，生存也不是义务。

——爱德华·戴明

到目前为止，我们已经探讨了行动学习能否帮助你的组织；讨论了如何确定哪个流派最能满足组织的需求；了解了协同设计的理念以及如何利用它来规划最优的项目；审视了一些能够带来积极效果的关键要素和流程；探讨了行动学习催化师的重要性及其对项目成功的影响。尽管我们已经完成了这些工作，但你如何确信你设计和实施的项目真正成功了呢？你如何向组织证明投入的时间、人力和资源正在产生预期的成果呢？其中一种证明方式是我们在拉姆案例中所听到的参与者的声音。

沃尔沃卡车公司的管理项目

沙龙·拉姆-哈特曼博士　Inside Out Learning公司CEO

典型参与者的项目经历

当我乘飞机前往比利时布鲁日参加项目会议时，我不禁思考：他们怎么会期望我们在参与这个为期六个月的项目的同时，还要完成日常工作并承担家庭责任呢？我终于抵达项目室，见到了来自不同文化背景和职能领域的其他参与者，每个人都有独特的个性。哦，不，他们把椅子摆成了圆形。这看起来会很情绪化，我想找个地方躲起来。

再看议程，似乎空闲时间不多，项目会一直持续到傍晚才会结束，晚上安排了一个文化晚会，我们将去探索布鲁日。我以前从未去过美国以外的国家，我不喜欢自己不会说的语言。

我们现在正在进行第一次项目团队会议。我们接到了项目，每个人都在努力，除了坐在桌子末端的那个法国人。我甚至怀疑他是否会说话。烦人的催化师打断了我们的进程，让我们将反思写入学习日志。在他介入之前，我们的进展很顺利！

好吧，那件事过去了，现在我们正在玩商业游戏。我喜欢竞争，我们一定会赢！我和另一个市场营销人员掌控了局面，哦，不要再打断了！但是，催化师让我们停下来再次进行反思。然而，在反思中，我了解到，那个沉默的法国人不会说英语，完全不知道发生了什么，感到被排斥，另外两个内向的团队成员也有同样的感觉。事实上，如果我们停下来倾听，他们可能有很好的想法。我不喜欢排除他人，我不知道我是否总是这样做？我是一个非常外向的人，可能总是主导与他人的对话。我需要开始改变。

我们回到了由20位参与者组成的大集体中进行反思和对话，我简直不敢相信人们所分享的内容。你的意思是，不仅我有这些问题吗？或许我们都只是一些纯真的人？同时，我听到了来自不同背景的全新观点。

在第一次和第二次会议之间，我们开会了，而且变得更加高效，因为催化师没有让我们放慢脚步。第二次会议是在美国举行的，在那里我们反思了自己对所负责工作采取的行动。我意识到，我们放慢节奏，对所做的事情和共同工作的方式进行反思，如何使我们变得更加高效。实际上，停下来反思我们的行动方式，从长远来看更加富有成效，所以我们决定，只要是以团队的方式工作，就要继续采用这种停下来反思的做法。回到工作岗位后，我开始在我的团队中应用这种方法。

现在是第三周，在印度。我真的很高兴能更深入地了解这些伙伴，因为我们分享了一些个人的事项——MBTI、360度反馈和团队反馈，以及通过生命线活动分享的生活经历。所有这些工具都让我对自己有了更深刻的认识。走在印度的街头，看到一位妇女抱着一个垂死的婴儿乞讨，这深深触动了我。我有理由抱怨吗？生命的意义到底是什么？我如何才能成为一个好丈夫、好父亲，以及一个称职的人？

在生命线活动中，一位参与者情不自禁地哭泣起来，他分享了自己如何为了工作而牺牲了所有的个人生活。我对此深有同感，我意识到自己也在这条道路上急速前行。我们在酒吧里一直聊到凌晨4点。他的故事帮助我重新找到了家庭和工作之间的平衡，这种改变令人惊讶地使我的工作变得更有效率。我发现，如果我在家里更快乐，我整体上就会更快乐，而且工作也更富有成效。

在第三次和第四次会议之间，我们见面了，为完成我们的项目做准备，并计划在瑞典的第四次会议上向高管汇报。我发现我得到了一份新工作，我相信这将是练习应用所学内容的绝佳机会。我现在管理着100名员工，所以我将继续实践放权和授权。对于项目的结束，我感到有些不舍。有趣的是，当我开始这个项目时，我以为这个过程将是一场巨大的挑战——而现在我发现这是我生命中最宝贵的个人经历之一。

正如第2章所述，协同设计的一个关键组成部分是确定如何评估行动学习项目。本章将探讨一些评估和研究方法，并展示一些成功案例，这些案例均基于对我们之前讨论过的项目的评估和研究，例如：

- PSE&G的LIRW项目
- 格蕾斯可可的全球论坛项目
- 英维思的"领导力在行动"项目
- 伯莱克斯的企业发展项目
- 沃尔沃卡车公司的管理项目
- 全球金融组织的行动学习项目
- 美国退伍军人事务部的行动研究项目团队
- 辉瑞公司的绩效领导力项目

如何评估行动学习项目

多年来，企业培训工作者经常使用柯克帕特里克四层次评估模型来检验不同层次的学习和绩效成果：对项目的满意程度、项目结束后的学习收获、对学习和绩效的影响，以及最复杂的评估层次，即对组织的影响。最近，一些研究评估的专家发现了这种方法存在的问题。尽管这种方法指出了应在哪个层次上衡量项目的影响，但层次本身并没有提供如何进行有效（或有用）评估的建议。而且，人们越来越认识到，除了满意度和个人学习，将培训结果归因于培训本身是一件多么复杂的事情，因为个人必须将他们的学习成果转移到复杂的环境中去。要在学习与影响之间建立因果联系，即使有可能，也是很困难的。

正如瑞林所指出的，人们可以"在项目和财务成果之间加入一个干预效果因素"，然后再考察干预与干预效果之间的联系，以及干预效果与财务结果及其他方面之间的联系。瑞林引用了布德罗（Boudreau）和瑞姆斯坦德（Ramstad）在西尔斯进行的一项研究来说明这种方法。在这项研究中，布德罗和瑞姆斯坦德观察到了领导力发展与员工态度转变之间的关系，这反过来又与客户满意度产生了联系。瑞林还建议，可以观察项目中对团队发展产生影响的反思与实践之间的联系，然后检查行动学习小组产出（包括有效性和财务性指标）之间的联系。

人们已经提出了对柯克帕特里克四层次评估模型的各种扩展或替代方案，其中一些我们将在本章稍后部分讨论。但鉴于人们对这个模型的依赖，我们应如何将其应用于行动学习的评价工作中呢？

行动学习协同设计人员通常从审视项目本身的角度使用这个模型。首先，通常需要通过调查问卷来了解参与者对项目的反应，这属于柯克帕特里克的第一层次。尽管问卷旨在评估参与者对项目的满意度，但行动学习项目还强调一些更实用的提问，这些提问在预测项目影响方面更为有效，请参见表49。

表49 伯莱克斯的企业发展项目评估表

1. 项目中最有效的部分是什么？最无效的是什么？
2. 关于催化师，你希望他们再多做一些的是什么？少做一些的是什么？
3. 哪种方式的个人学习目标活动对你有效？哪种无效？
4. 你从达成组织学习目标中取得了哪些收获？以什么方式获得的？
5. 项目中的哪个部分对你完成项目最有促进作用？哪个部分帮助最小？
6. 你还有什么其他反馈？

如何知道学习是否得到了转化

如果我们继续采用柯克帕特里克四层次评估模型进行评估和研究，接下来我们来看看如何检验项目中的学习是否发生。迪尔沃思提出了一个衡量和标识行动学习小组动力的方法。他与国际技术应用促进组织合作，修订了全球团队流程问卷，这个问卷是一个诊断流程变化的工具，可以用于全球性行动学习项目，也适用于国内行动学习项目中团队距离较远的情况。他的研究表明，修改后的版本为研究者和行动学习小组提供了有益于团队过程的定量和定性反馈。由于大多数行动学习项目的战略任务包括团队或个人的变革和发展，我们对项目中获得的学习成果是否转化到工作场所也很感兴趣。

行动学习项目能够产生显著的学习成果，而合适的项目设计可以加强学习的转化和迁移。学习转化的评估涉及基于项目经历所产生的后续行动，以及对所学内容的长期保持或持续应用。学习转化的程度依赖于参与者在项目之外对知识、洞见、理解、意义、态度、能力或行为应用的变化程度。参与行动学习项目的管理者必须致力于"远程转化"，即在多样、复杂和不确定的情况下进行思考和采取行动的能力，以及"前瞻性、跨越性的学习迁移"，即把明确已知的一般原则应用于新情境的能力。

一些数据收集和评估方法与设计本身是用来衡量个人的变化和发展的；其他一些方法和设计则常用来检视组织的支持情况。我们分别来看一下。

我们要讨论的第一个数据收集方法是关键事件问题法，在相对简单的训后评估中应用，适用于参与者已经完成项目、数据已经收集完毕，但干预仍在起作用的情况。这种评估方法在PSE&G的LIRW项目中使用过，通过展示参与者行为变化的案例，向组织证明项目的发展和行为目标已经实现，具体如下：

PSE&G的LIRW项目

朱迪·奥尼尔　学习与领导力公司总裁

为了深入了解LIRW项目对参与者及组织的影响，我们进行了一项跟进式的评估和研究。在早期评估中，我们采用了关键事件问题法，用以识别项目对参与者和/或组织的影响。例如询问："你是否能回忆起一个场景，你发现自己运用了更佳或不同的沟通技巧，以取得更好的成果？"正如第1章所讨论的，该项目属于经验流派，但由于项目的持续演进，我们也能观察到批判性反思的日益增强。因此，在评估中，我们既发现了基于经验学习圈改进工作方式的单环学习，也发现了基于批判性反思和质变学习的双环学习，这种双环学习与项目目标紧密相关，改变了定义问题或情境的根本方法。相关案例详见表50。

表50　LIRW项目的参与者结果说明

目标	单环学习结果	双环学习结果
加强人们之间的沟通与互动方式	"我的一个学习目标是成为一个更好的倾听者……我现在所做的已经超出了我一次又一次所说的。我对同事表现出了耐心。我获得了良好的效果。我们的团队表现很好，上周我们少了一个成员，但他们真的努力完成了任务，我注意到团队的态度有了真正的提升。"	"我的一位团队成员向我提出了一个关于个人学习目标的问题，这促使我重新思考我所采取的行动。我以前从未从这个角度考虑过问题。我决定在我已开展的领域内采取行动，并获得了来自同事的更积极的反馈。"
将质量工具和行为融入组织中	"LIRW 项目为质量流程提供了一个跳跃式的起点。"	"流程是有效的。我会毫不犹豫地使用这些工具。如果它们看起来非常复杂，难以理解和实施，那只是因为你没有正确地看待它们。"
创建一个开放和信任的环境，将冲突摆在桌面上	"有一件事，我在两位工会员工身上应用了冲突解决模型……我认为这是一个双赢的局面……我们都达成了共识，而且一位工会官员事后找到我说，这是一个真正高效的会议。"	"我想，通过LIRW 项目所投入的时间，我获得了更深入的方法。我可能无法明确识别 LIRW 项目的收获，因为它们已经越来越深入地融入了我的管理风格……所以我的做法是，与每一位员工讨论所需的计划，以找到更易于接受的那个。"

关键事件评估支持收集和分析"事件"，即在评估活动中被认为反映出非常有效或非常无效的实际行为实例。并非在活动过程中发生的任何行为都可被视为关键事件，只有行为的目的或意图相当明确，其后果也足够明确，对其影响几乎没有疑问的行为才可被视为关键事件。行为可以是自我报告的，也可以是通过有能力亲自观察活动实施者的人的观察所得。

对关键事件提问的回答可以是口头的，也可以是书面的，并应该：

- 尽可能简洁。
- 表达清晰。
- 直接对应评估者正在寻找的信息。
- 易于被参与者或其他受访者理解。
- 描述实际行为。
- 帮助受访者区分个人行动与相关情境。
- 以科学的方式选择受访者谈论的关键事件，例如，询问最近的事件，以防止受访者仅谈论那些生动、有趣或适合他们个人的事件。
- 包含所需评价行为的所有方面。

PSE&G评估中使用的问题请参见表51。

表51　PSE&G的关键事件问题

"让我们回顾一下你开始LIRW项目时的情况。你能想起那个促使你开始采用质量工具或其背后理念以改进成果的时刻吗？"（暂停，等待他确认有一个记忆犹新的事件。）

"请描述具体情况——它是何时何地发生的？"

"有哪些人参与其中？"

"情境中的哪些方面促使你产生了这样的反应？"

其他类型的问题也可以用于评估。LIRW项目运行约两年后，为了确定行为改变对组织的影响，我们进行了一项全面研究。外部研究者接触了

大约200名参与者,并提出了以下问题:

1. 自从LIRW项目开始以来,你有没有发现人们更容易与你或其他人开放地讨论事情?为什么你会这样认为?

2. 自从LIRW项目开始以来,你是否观察到你所在部门内外部有更多的团队合作?这是为什么?

3. 你认为与LIRW项目实施之前相比,当出现不同意见时,人们的行为是否有所变化?你认为是什么导致了这种情况?

4. 与LIRW项目之前相比,你是否看到质量工具或这些工具背后的思想得到了更广泛的应用?是什么原因造成的?

虽然数据的基础是自我报告所获得的洞察,但结果是肯定的。根据正在讨论的目标,有65%~79%的受访者表示,他们在日常工作中已经看到了预期的变化。而负面回应,即他们没有看到预期变化的比例是6.5%~15.5%。在正面回应中,比例最高的是关于质量目标的;而在负面回应中,比例最高的是关于沟通目标的。

尽管英维思的业务变革对其实施的行动学习项目的有力评估存在一些障碍,但访谈仍然显示出项目对个人学习目标和团队项目工作的积极影响。

英维思的"领导力在行动"项目

凯特·霍普夫纳·卡勒 KHK人力资本咨询

一位参与者的个人学习目标是"培养战略思维/战略规划能力,培养协作领导力——一种适用于企业层面的领导力"。报告的结果表明他实现了这些目标:

我认为我的两个目标实现了"90%"以上。在第一个目标上,我带回了开发和实施战略思维的工具。直到今天,我仍然会参考我们得到的资料以及同一方向上的新资料。我学会了区分战略思维(去哪里)与战术思想

（如何去）。另外，情景规划非常有益，我现在几乎每天都会使用这种方法。

在领导力方面，我仍在努力，因为我觉得这个工作永无止境。我学到的东西几乎是无价的，尤其是从360度评估中学到的东西。它帮助我更好地理解了我自己！我意识到，我在沟通方面有薄弱点。令人惊讶的是，这不仅对我的职业有帮助，对我的个人生活也有极大的帮助。

你还学到了什么？

我在业务能力上获得了更多的自尊/自信。以前我想我可以做，现在我知道我能做。我在皇后大学、麦吉尔大学及蒙特利尔大学也参加过许多"高层培训"（会议），但迄今为止，这是我得到的最好的培训。

这种反馈与每一位项目参与者的反馈是一致的。他们的报告显示，通过区分不同职责所需的领导力类型，他们给组织带来了不同层级的领导力。特别是在所有参与者的报告中，他们都强调了使用工具和所学到的内容，对自己的组织进行结构调整这一战略职责，以增强业务的战略规划，从而提高他们所管辖业务的经营业绩。

辉瑞公司通过对参与者经历的访谈和对团队项目成果的审查来收集数据，评估绩效领导力项目的收益。

辉瑞公司的绩效领导力项目
查克·威廉姆斯

绩效领导力项目的成果差异很大。有时，团队的成果远超最初的预期和范围。有时团队未能有效凝聚，未能产生完整或充分的成果。大多数情况下，团队在处理我们一些最棘手的业务问题上取得了显著成果。他们培养了领导力，建立了可能持续多年的关系，这有助于他们完成其他跨组织的工作任务。

个人收益：团队成员几乎无一例外地表示，这个持续90~120天的项目时期是他们在职场中遇到的最具挑战性的时期之一。他们必须学会如何将工作授权给下属，并在其他工作和项目工作之间确定优先顺序，他们认为项目是一种终极考验。几乎所有参与者都表示，他们很高兴参加了项目，并认为与正常情况相比，他们的领导力得到了更快的发展。他们特别感激发起人、催化师和其他团队成员所投入的时间和精力。在谈到培养了哪些领导力技能时，参与者最常强调的有：

- 授权和委派。
- 同事及团队成员间的信任。
- 跨地区、跨时区和跨文化工作的能力。
- 利益相关者管理。
- 给予和接受高质量反馈的能力。
- 开发和沟通业务价值的能力。
- 与团队和其他同事互动及指导的能力。
- 提升日常工作效率的跨组织关系。
- 团队建设的方法和技巧。

经营业绩：在大多数情况下，这些跨职能团队在一些我们最困难的业务问题上取得了卓越的成果。辉瑞公司IT组织的显著成果包括：

- 全新的全球服务模型，该模型支持IT基础设施（包括计算机、网络、桌面服务、信息传递、安全操作）的共享。该模型将辉瑞公司的部分内部IT集团结构化为一个具有明确服务组合、客户和业务指标、需求规划和服务层级的有竞争力的服务组织。在全球范围内实施后，客户的满意度提高了20%，单位服务成本在3年内减少了20%，并计划进一步减少15%。在敏捷性和速度大幅提升后，辉瑞公司能够通过收购和剥离迅速调整业务。值得一提的是，这些变化是由参与绩效领导力项目的发起人所推动的。
- 成功管理企业数据的全新方法。IT和业务流程的负责人开发了一个数据管理方法和所有权模型，确保了辉瑞公司内外数据源的正确理解和管理。这个主数据管理服务支持对大量临床、产品、患者、同事和财务数据的解读，并将其转化为可供辉瑞公司内外共享的安全、可靠的信息。这项基础工作对辉瑞公司重新确定业务结构、进行新的医疗服务和产品创新至关重要。仅在临床数据方面，这些信息每年可节省数千万美元和几个月的宝贵时间，加快药品上市进程。

- 在人才培养和其他人力资源流程，包括有意义的职业发展路径、管理能力，以及为IT部门所用的劳动力开发规划工具等方面取得了显著改进。IT部门在人力资源实践方面将继续作为辉瑞公司的领导者，包括更好地整合人才开发工具和流程等相关技术的使用。

据悉，所有团队都必须阐明其所提出的项目建议的商业价值，这个价值可以是投资回报率、风险降低、新的收入来源，或是更快速地适应不断变化的环境。

我们把绩效领导力项目视为辉瑞公司内部持续强调人才开发的关键因素。尽管该项目要求高、挑战大，但我们的高潜人才、新兴领导者都渴望参与进来并加速个人学习。一些最有才华的人迅速解决了一些最紧迫的业务问题，同时成长为领导者，这一点非常令人振奋。

除了关键事件或直接的问题访谈，还有其他收集行动学习项目评估数据的方法。一种方法是对项目本身进行观察。尽管观察者可能是一个难以扮演的角色，但通过适当的协商，这种方法仍然可以在项目中提供有效的帮助。约克斯、奥尼尔、马席克、尼尔森和科劳德尼介绍了这种评价/研究方法。

虽然格蕾斯可可组织最初不愿意让研究人员参与全球论坛项目，但他们最终同意了允许一名观察员作为参与者，在研究团队的支持下进行数据分析。该观察员认为自己的作用将超越单纯的参与者，带着这种理解，他参加了项目在国内举行的首次会议。

在那一周中，他保持了低调，与参与者、催化师和项目总监进行了非正式的互动。他观察了团队的活动，进行了现场考察和观测，做笔记并记录下自己的反思。他承诺，除非受到催化师的邀请，否则不会对项目进程发表评论。但最终，他作为团队的一员真正参与了进来，这对于建立和维持他与其他人的关系是必要的。在第一周结束时，他成功赢得了大家的信任，并获准继续留在项目中，以保持项目的连续性。此外，项目总监还允许他采访组织中受到项目影响但未参与项目的人员。

通过对这些观察收集到的数据以及研究人员因其角色获得的信任而得以进行的访谈进行归纳分析，证明了组织在向创建全球组织的目标迈进的同时，个人也在发生变化和发展。此外，还通过360度评估工具对个人变化进行了衡量。例如，欧洲的一个部门在生产某种粉末方面存在问题，并请求美国工厂的帮助。正如一位论坛参与者所说，"两年前我们会说不，这不是我们的问题。现在我们会说当然可以，如果我们能帮忙的话"。在另一个更私人的情况下，一名员工描述了一次会议，会上他的老板（一位论坛毕业生）要求每个人在会议前花时间进行反思。"我心想，这是什么？但会议非常有效。"

格蕾斯可可研究的一个不足是缺乏衡量变化的基础数据。在沃德进行的多方法研究（仍在进行中）的案例中，这一不足并不存在。当时，沃德作为内部顾问负责这个项目，同时也作为观察员进行数据收集。正如在下面的案例中所看到的，沃德通过对个人和公司变化的观察获得了丰富的数据。

伯莱克斯的企业发展项目

罗伯特·沃德　Leadership Bridge公司总裁

这个案例的作者研究了行动学习发展领导力项目，研究内容包括：评估个人参与者将所学应用到工作场所的程度，以及确认这一学习成果是否带来了业绩的改进。他专门研究了质疑性洞察、反思和批判性反思等学习方法，以及参与者个人学习目标的应用转化，此外，他还探讨了这些转化和参与是否促进了绩效的提升。

这一研究成果基于对参与者（项目前、项目后及项目完成六个月后）、参与者的经理和同事的访谈，以及项目前后的多维度评估结果。

访谈的初步结果表明，在项目完成后，工作场所中的转化和应用大部分能够持续，在项目结束六个月后，这种转化和应用只有轻微下降。在访谈中，同事和经理认为，大多数参与者的绩效有所提升。这些调查结果也得到了事前和事后多维度评估结果的证实。值得指出的是，参与者完成的项目最终在组织中得以实施，并且催生了其他行动学习项目。

对项目的评估是在项目结束后一年进行的，主要经验包括：

☐ 参与者和高管高度评价行动学习作为一种优秀的学习方式。
☐ 在项目开始前和项目期间，参与者的老板参与非常关键。
☐ 未来的项目需要有一位高管作为项目实施阶段的支持者。

最后，行动学习是一种集体工作方式，旨在解决重大组织问题或开发新的增长机会。因此，它在组织中可能产生一定的噪声。高管在项目期间尤其是项目结束后的支持，在最初几年对于项目能否持续以及成功完成至关重要。

美国退伍军人事务部的行动研究项目团队产出的结果非常有趣，因为它实际上包含两个部分：行动研究工作的结果，以及行动学习催化师引入学习实践中的、原先未预料到的个人学习成果。

美国退伍军人事务部的行动研究项目团队

珍妮特·里德-赫克托和莱尔·约克斯

2003年，与对照鉴定点相比，现场点的行动团队取得了显著成果，包括压力的减轻、各种形式攻击行为的减少，以及员工满意度的大幅提升。

每个站都有其独特的故事，由于场地因素和本地团队在协作探究及学习参与程度上的差异，各团队之间存在一些差异。现场点的政治遗留问题也对这种差异产生了影响。

此外，随着正式项目的结束，其他退伍军人事务部网点已要求按照类似流程建立行动团队。项目团队成员包括学术人员和退伍军人事务部专家，他们共同工作，形成了一些子团队以满足这一需求。在退伍军人事务部中，团队的工作方式被其他工作人员采纳，用于解决类似的项目。

通过对项目组成员（包括学术人员和退伍军人事务部专家）的访谈收集的数据也证实了，从学习实践中产生的个人学习已经转化到他们的工作和生活的各个方面。正如之前引述的一位学术人员所说：

"当我停止防卫时，我真正开始认真聆听（催化师）所说的话，更重要的是，我开始看到了我以前可能从未见过的东西。所以，我真正开始关注会议，开始做一些我以前从未做过的事情。我闭上了嘴。你知道作为一名学者来说，这会是一种煎熬……你就想说，不停地说……我现在试图去做的事情是倾听，而不是陈述……所以无论如何，对学习理解和学习实践的转变，最初对我来说非常痛苦，然而我打开了这种可能性，也许这些人实际上是有目的的……我准备坐下来，多听……考虑一些其他的可能性，对其他的一些现实持开放的态度，尝试着理解不同的角度，理解其意义。"

拉姆在参与者完成了沃尔沃卡车公司的管理项目后，对该项目进行了研究。研究的重点是质变学习和那些将批判性反思流派理念融入其中的项目元素。她指出，由于几乎没有文档对项目所产生的质变学习提供支持，她不得不开发了自己的研究框架。她访谈了长期参与过不同项目的几位参与者。

沃尔沃卡车公司的管理项目

沙龙·拉姆-哈特曼博士　Inside Out Learning公司CEO

很显然，沃尔沃卡车公司希望将领导者心智模式的转变作为项目成果，这也成为我定性研究的主要焦点。具体来说，我想回答以下三个研究问题：

1. 项目在何种程度上促进了质变学习？
2. 如果有的话，哪些领导行为最有可能受到参与该计划的影响？
3. 环境和条件在哪些方面促进或阻碍了质变学习？

测量质变学习非常具有挑战性。即使设计的领导力发展项目旨在实现变革，也很少有证据能够支持这一结论。在我的学术论文中，我构建了一个研究质变学习的框架。我相信这个框架对于那些对研究领导力发展或其他教育项目是否促进了质变学习感兴趣的人将非常有帮助。

我的研究是一个定性案例研究，关注沃尔沃卡车公司、隆德管理学院和国际管理领导力中心相关人员的看法。研究样本包括24位项目参与者（约占总参与者的25%）、24位与他们共事的人（同事）、3位催化师和1位关键高管。参与者样本是根据参与者的整体情况选择的，这些参与者来自6个不同的文化背景（瑞典、英国、法国、比利时、澳大利亚和美国）以及5个不同的项目（从1992年至1996年）。

我采用了多种数据收集方法，包括：文件分析（包括员工文件、描述性的员工访谈、项目评估与设计、人口状况）；预访谈表格（收集人口状况和学习经验的描述性数据）；对参与者、高管和催化师的采访；参与者的领导力反思表格；同事的关键事件调查问卷。之后，我访谈了5位参与者，以测试这些方法的有效性。在采访前至少6个星期，每位参与者都完成了预访谈表格。基于参与者对个人变化的描述，同事的关键事件调查问卷经过5次修订后才分发。试点工作非常成功。接下来，共有19位参与者完成了这一过程。为了澄清提出的问题（即与项目设计相关的问题），对催化师和高管的访谈安排在参与者访谈过程的开始、中间和结束部分。

调研结果显示，沃尔沃卡车公司的管理项目旨在促进其领导者转变心智模式，并希望项目团队能够解决关键业务问题，实现业务成果。项目团队找到了解决方案，并为公司节约了成本。以下是一些业务成果：

- 设计了一个超越竞争对手的变革性分销系统，节省了700万美元。
- 通过内部标杆研究，在原材料采购成本方面节省了3亿美元。
- 挽回了一位取消所有订单的经销商，避免了数百万美元的销售损失。

然而，我的研究重点在于回答我的三个研究问题，以确定领导者是否真的经历了质变学习，以及是什么条件帮助他们实现这一点。以下是回答研究问题的一些成果，即项目在何种程度上促进了质变学习？

在访谈的24位参与者中，有22位回顾了自己质变学习的经历，其中8位在多个学习领域经历了质变学习。项目对质变学习的促进程度因个人和组织环境的不同而异。换句话说，对12位参与者而言，项目触发了质变学习；而对另外10位参与者来说，项目同步或帮助他们推进了已经开始的质变学习过程。在所有质变学习的案例中，组织环境（如工作变动）起到了触发或帮助他们将学习融入日常生活的作用。

Sunny的说法代表了那些经历向更广泛、更全球化方向转变的人的感受：

"该项目是我第一次出国，置身于一个陌生的国度，成为一个陌生的人，我被置于一群来自完全不同文化和背景的人之中。现在，我视自己为世界的一部分……我不再像过去那样只看重自己的小角落。我认为自己现在是人类的一员，而不仅仅是一个美国人……现在，当我说'沃尔沃'时，我想到的是整个世界，我们在这一端能做些什么来与1万英里以外的人做的事情结合起来，以便使整个事情做得更好。"

Lance代表了那些在领导风格上从"控制"转变为"协同"的参与者的心声：

"我相信我是真理的拥有者……我太喜欢发号施令了。在项目之后，我说，没有人拥有真相……这可能对我来说，就相当于说或想'我错了'……法语中没有'共识'这个词。在法国，不是我对就是我错……在项目中，我发现如果我采纳他们的观点会更有效，如果他们是对的，我就要改变……因为，你一个人不可能思考一切。"

全球金融组织的行动学习项目采用了个人项目的协同设计方法，并且使用了与前文描述的团队项目相同的数据收集方法来评估项目。正如之前讨论的协同设计项目一样，调查结果显示了项目中的学习以及在工作场所的转化情况。

全球金融组织的行动学习项目

我们通过电话采访了17位参与者，收集他们在行动学习项目中的经验信息。提出的问题包括：

- 你认为学到的最有价值的东西是什么？
- 你在工作场所如何应用行动学习？
- 是什么推动或阻止了这种学习和转化？
- 你对项目改进有何建议？

大多数参与者表示，他们获得了关于自己以及全球金融组织的新知识和新见解。参与者列举的一个主要学习成果是质疑性洞察的运用。他们不仅在项目中，而且在返回工作岗位后都应用了这一学习成果。

……那些无知的问题有时会让人大开眼界。我知道这发生在我身上……一个问题就能把你带向一个你没有想到的方向，因为你当时被困在思维定式中，没有思考……

提出"那又怎样"的问题……他们（客户）就会想到"那又怎样"，这就不是什么大问题了。现在，他们恍然大悟，开始质疑自己最初的决定。

如何衡量对组织的影响

到目前为止，我们所讨论的内容主要集中在个人的变化和发展上（尽管在格蕾斯可可的项目中也观察到了组织文化的变革）。当讨论或观察个人时，要确定对组织产生更大影响的具体程度是困难的。为了评估对组织的影响，我们需要收集可能受到项目影响的整个组织人群的数据，而不仅仅是那些直接参与项目的人群的数据。文化调研被认为是评估组织层面数据的可靠方法，因此，如果设计得当，从这个更广泛的样本中获得的调研数据可以帮助组织发现一些更系统化的影响。

在缺乏组织层面数据的情况下，为了获得对组织影响的数据，我们可以分析行动学习项目的成果。一些行动学习项目的设计要求组织从一开始就讨论如何评估项目的成果。瑞林向我们展示了如何做到这一点，并强调了收集基础数据和项目数据的价值。所收集的数据可能是定量的，也可能是定性的，如观念的转变。正如沃尔沃卡车公司的案例中提到的，组织"希望项目团队能够解决关键业务问题，实现业务成果"。以下是PSE&G在评估项目成果方面所做的工作。

PSE&G的LIRW项目

朱迪·奥尼尔　学习与领导力公司总裁

作为协同设计的一部分，每个项目都应根据其满足既定成果标准的程度进行评估，这些成功标准由团队和发起人共同制定。每个团队及其发起人需要总结项目当前的成果，以便进行评估并汇报给项目总监。表52提供了两个示例性报告的案例。

表52　LIRW项目的项目成果

项目问题	成　果
如何将工程和结构的日常开支单位成本降低10%~20%？	通过在区域范围内改变程序，节省了超过5万美元(超过30%) 在全州范围内实施
分销商在我们生存和服务的社区中扮演着什么样的角色？	• 建立了社区建议和必要预算的指南 • 建立了4个由管理层和工会组成的区域公民团队 • 每个区域公民团队对社区的建议进行识别、审查，并确定实施的优先次序

如何衡量投资回报率

在IBM，奥德里斯科尔（O'Driscoll）已经研究了投资回报率及其他组织影响力是否服务于学习和组织发展部门或组织本身。他指出，美国人才发展协会的研究表明，仅有8%的组织会在组织层面进行评估，这可能是一个迹象，表明这种评估方法并没有被以业务为中心的高层真正重视。许多打算进行组织影响评估的项目都试图根据奥德里斯科尔的说法来解释什么会发生，什么不会发生。相反，奥德里斯科尔认为，业务高管需要一个预测评估工具，这个工具"强调前端的战略定位和价值衔接，而非后端的学习项目价值贡献"。预测工具可以帮助确定学习设计和尽早确定对组织的价值，但这需要一种完全不同的评价方法。

受到奥德里斯科尔和其他评估方法的启发，人们加入了因果链分析，即提前勾画出干预可能产生的影响链条。维多利亚·马席克和玛莎·盖佛特将因果链分析应用于他们为奥的斯电梯所做的评估工作中，用来跟踪战略目标的发展轨迹，以帮助公司确定在奥的斯大学的旗舰项目中强化网络工作的方式。该公司旨在通过行动学习改善经营业绩。网络工作可以与行为改进相联系，然后通过影响业绩结果产生的因果链进行跟踪分析。

从某种意义上说，试图简单地证明行动学习干预措施对业绩的影响是一种防御性行动，其目的更多是为了事后证明自己的决定是正确的，而不是积极主动地生成丰富的信息，以不断改进结果，并用于在干预措施的整个生命周期中对应该采取的行动做出更好的决定。帕瑞思克（Preskill）和托雷斯（Torres）建议将持续的评估调查自然而然地融入干预活动中，以便不断地从干预活动中吸取经验教训，并以符合可持续发展目标和过程的方式改进干预活动。"在实施每个探究阶段时，组织成员都会一起参与以下学习过程：（a）对话，（b）反思，（c）提问，以及（d）识别和澄清价值观、信念、假设和知识。"

许多方法可以帮助组织看到自己在时间、人力和资源上的投资正在产生预期的结果。第2章中讨论的协同设计元素对于组织选择满足其需求和符合其能力的评估或研究策略来说非常重要。本章还指出，当一个项目被设计得很好时，组织将乐于看到通过评估或研究策略所展示的成果。在最后一章中，我们将回顾这些重要的协同设计元素，以帮助你确定如何在你的组织中进行应用。

第6章

一起合作：
设计你们组织的行动学习

忘其所学始为知。

——亨利·戴维·梭罗

随着时代的变迁，从学者步尘于人间，而认知者满腹经纶探索消失的世界。

——埃里克·霍弗尔

选择哪个行动学习流派？如何设计行动学习项目？对这些问题的探讨，表明决定行动学习是不是最好的干预方法具有相当的挑战性。在第1章中，我们采用了一个调查问卷来确定行动学习是不是满足组织当前需求的最佳干预方法。我们还利用行动学习金字塔对不同的行动学习流派进行了描述。在随后的章节中，我们围绕行动学习项目的协同设计，讨论了行动学习应用的影响，并强调了从选择过程中获得的经验和研究成果。

在本章中，首先，我们将以行动学习金字塔（见图7）为指导，通过一个决策支持工具（见表53）帮助你回顾第1章中的选择；其次，通过识别和提取关键因素，帮助你思考如何设计项目以实现期望的结果；最后，提供一个回顾表帮助你回顾各章中的相关内容。

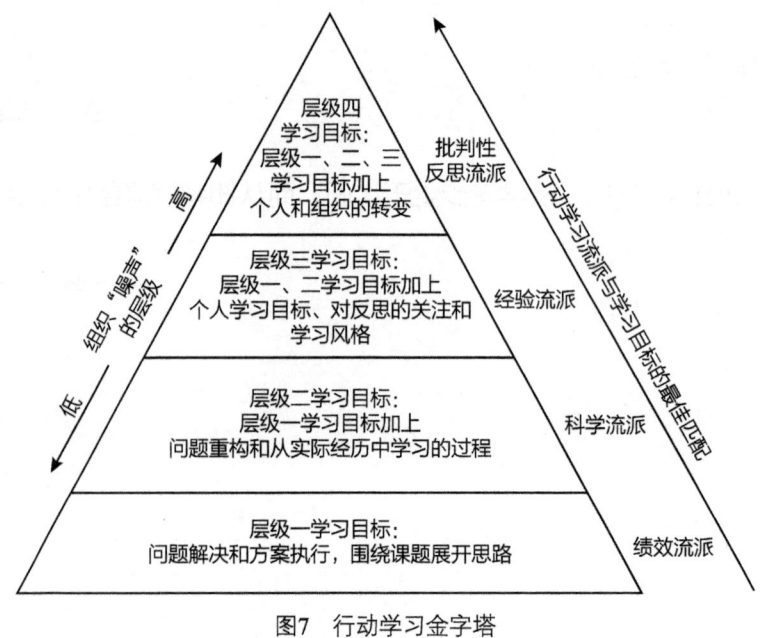

```
                    层级四
                    学习目标：
                    层级一、二、三         批判性
                    学习目标加上           反思流派
                    个人和组织的转变

                    层级三学习目标：
                    层级一、二学习目标加上   经验流派
                    个人学习目标、对反思的关注和
                    学习风格

                    层级二学习目标：
                    层级一学习目标加上       科学流派
                    问题重构和从实际经历中学习的过程

                    层级一学习目标：
                    问题解决和方案执行，围绕课题展开思路   绩效流派
```

组织"噪声"的层级：高 / 低
行动学习流派与学习目标的最佳匹配

图7　行动学习金字塔

哪个流派适合你

在第1章中，你已经明确了行动学习是否适合你，以及哪个流派最适合你。在随后的章节中，你获取了大量关于各个流派的信息。表53提供了

一些新信息，帮助你回顾所做出的选择。要使用这个决策表，首先需要用"是"或"否"的形式回答表格中第一列的问题。

第一列的问题涉及组织的准备程度。无论你选择哪个流派，要运用行动学习，对第一列问题的回答都必须是"是"。因为所有行动学习项目解决的都是引人注目且结构不良的问题，这就需要通过提问获得洞察力，并从专家那里学习。这些问题生成的解决方案通常需要系统性思考和组织变革。对于员工为解决这些挑战所提出的思考和新的工作方式，高层领导者和管理者必须给予全力支持。如果是团队项目，主要领导者必须愿意带头和启动项目，并与行动学习小组成员一起投入时间来思考这些问题。

请记住，做出是否采用行动学习项目的决策并非易事。你可能需要与他人沟通，收集信息，权衡不同的选择，并考虑政治因素或资源限制的影响。尽管决策表中的问题都是封闭式的，但它们能够激发大家对目标、组织需求或参与者需求以及组织文化的深入思考。例如，如果你希望通过项目提升个人领导力，与组织变革相比，利益相关者可能更倾向于强调个人发展；而如果你正在设计一个战略领导力项目，利益相关者可能更重视项目成果；同样，业务需求可能在战略转型中起到关键作用，但这种影响仅限于在现有行业或组织文化框架内来实现目标。

如果你的组织已经为行动学习做好了准备，决策表的第二列将提出关于如何区分行动学习金字塔中四个流派的问题。根据你的回答，我们建议最适合的流派将在第四列中列出。

表53 选择行动学习流派的决策表

基本问题（答案必须是"是"）	次要问题（选择方法）	如果……	行动学习方法（最适合的）
管理者和/或组织是否正面临紧迫且结构不良的问题？ 普遍来看，组织成员是否认同对组织学习进行改进的需求？ 如果是团队项目，组织领导者是否已经准备好成为项目的发起人？	（a）组织是否具有一种指令性的领导文化，并且不希望受到挑战？		
	（b）所期望的学习成果是否主要是发展战略思维或解答战略问题？	如果对a和b的回答都是"是"，那么	绩效流派
	（c）在b的基础上，所期望的正式学习成果是否包括问题重构、问题设定和问题解决流程的学习？	如果对a的回答是"否"，而对c的回答是"是"，那么	科学流派
	（d）在b和c的基础上，所期望的学习成果是否还包括参与者个人的发展？	如果对a的回答是"否"，对d的回答是"是"，那么	经验流派
	（e）在b和c的基础上，所期望的学习成果是否包括个人和组织的质变学习？	如果对a的回答是"否"，并且对e的回答是"是"，那么请参考f、g、h	
	（f）管理层是否已经准备好接受高度不确定性和模糊性的学习成果？	如果回答是"是"，那么请参考g	
	（g）对于可能产生的高分贝组织"噪声"，是否已经做好充分的应对准备？	如果回答是"是"，那么请参考h	
	（h）高层领导者是否已经准备好进行学习？	如果回答是"是"，那么	批判性反思流派

绩效流派

如果你对第二列中的前两个问题（a和b）的回答都是"是"，那么行动学习的绩效流派可能对你的组织更为有效。绩效流派的核心理念是将智慧的个体聚集起来，共同面对并解决具有挑战性的任务。在这个流派中，学习被视为解决问题过程中的自然副产品，而非主要目标。任务的意义越深远，参与者的动机就越强烈，他们更愿意接受挑战；任务的影响力越大，参与者越可能被看作有价值的贡献者，甚至可能成为未来的领导者。

绩效流派在实施时需要考虑一个关键因素，即组织的领导力和文化对现状的维护程度以及对变革的接受程度。由于绩效流派行动学习在组织中产生的"噪声"较小，因此，如果项目的主要目标是人才发展，且不需要对组织的职能进行根本性的改变，这一流派将更为适宜。参与者会提出问题，但他们的好奇心受到现有文化的限制，所提出的问题通常直接针对任务和战术层面，而非深层次的价值观和心智模式。

科学流派

如果组织的文化不是高度指令型的，并且你对第二列中的第三个问题（c）的回答是"是"，那么你可能会对行动学习的科学流派感兴趣。科学流派的核心理念是全面、系统地参与解决问题。

这个流派最有力的部分在于推进探询与质疑的持续循环。信息收集的目的是确保正在研究的问题明确化。一般来说，科学流派的项目会持续一段时间，以便项目团队能够将他们提出的解决方案进行试验。当参与者需要具备问题提出、问题重构和问题解决的技能，所完成的项目需要进行事实调研，并且需要对提出的解决方案进行测试验证时，科学流派尤为有价值。

经验流派

如果组织的文化不是高度指令型的，也就是说，你对第二列中的第四个问题（d）的回答是"是"时，那么你可能会对行动学习的经验流派感兴趣。经验流派的核心理念是，强烈关注从参与者和组织的经验中进行学习。

该流派强调在行动前、中、后进行质疑和反思，以帮助参与者了解自己在不同情境和环境下的行为方式。它的基础观点是，人们需要从经验中学习，否则就会因为重复相同的经历而遭受挫折。没有反思，参与者可能无法完全理解自己为何采取某种行动，以及如何改变自己的行为。通过自我洞察和他人的反馈，参与者将能在未来的情境中做出不同的反应。如果个人发展与解决问题同等重要，经验流派可能比科学流派更为合适。通常，经验流派提倡使用行动学习催化师来创造学习空间、提供反馈，并思考可替代的行为方式。

批判性反思流派

如果组织的文化不是高度指令型的，也就是说，你对第二列第五个问题（e）的回答是"是"，那么你可能会考虑选择批判性反思流派。这个流派的理念是，组织是否期望通过项目发展能力，以改变个人或组织的基本思维方式和工作方式。面对着全球化、技术和市场的迅速变化以及越来越客户导向的业务流程，许多组织需要转变工作方式。批判性反思流派能够促使个人和组织发生深刻的变化。

正如本书前面所讨论的，强调批判性反思可能会在组织中引起更多的"噪声"。进行批判性反思的人可能会提出一些组织不愿面对的问题。转型需要时间，尽管组织中的一些领导者理解并支持变革，但目前可能还不是培育行动学习人员的最佳时机，因为这些人员推动变革的速度可能超出了组织吸收变化的能力。当然，这个问题可以在项目设计阶段得到解决。因此，如果组织对转型持严肃态度，就应该通过变革管理措施来支持这一转型，项目本身也可以作为变革的一个驱动力。

因此，如果你对决策表第二列中的"f"和"g"问题的回答是"否"，你可能还是需要考虑使用经验流派。问题"f"和"g"涉及高层领导者对项目设计、工作方向和期望学习产出的模糊性和不确定性的接受程度。产出的模糊性是批判性反思流派行动学习项目的一个特点，因为在项目中，一部分控制权掌握在参与者手中。参与者在项目的完成和方向选择上发挥主导作用，这包括决定学习内容和学习方式。项目本身可能成为一个自运行的系统和一个过渡性空间，在这里，领导者可以采取与组织原有规范不一致的行动方式。当参与者在项目过程中采用创新策略，并需要组织中其他部门的参与共同完成项目时，就会产生"噪声"。这种"噪声"产生的原因是参与者开始采用不同的领导和管理方式。

如果你正在寻找支持组织变革的项目，批判性反思流派是一个极佳的选择。基于这个原因，决策表第二列中的最后一个问题（h）需要得到肯定的回答。组织中的高层领导者需要与参与者一同参与项目，进行学习，以便能够为项目参与者的思维和行动提供示范和支持，这正是他们对参与者的期望。高层领导者应该预料到，项目建议可能会令他们感到意外。参与者可能会对组织的做事方式提出质疑，对此，高层领导者应该做好准备，因为参与者可能会认为这些方式与组织的新目标、新战略或新愿景不相符。

混合流派和其他注意事项

本书中的一些项目是四个流派的组合。绩效流派与科学流派的组合鼓励人们在扩展的问题解决项目中进行自我学习。经验流派与批判性反思流派的组合则可以帮助管理者改变某些工作方式，即便组织作为一个整体也并未发生变化。组织也可能在发展领导者的批判性反思能力，以及希望他们了解何时或如何运用这种能力。

如果所选择的模式既体现了组织的愿望，同时又过于超前于组织当前的任务或文化，那么这种模式可能并不适合该组织。参与者可能会感到，组织不切实际地抬高了他们的期望，让他们误以为自己能在多大程度上推动变革，而实际上他们所采取的行动却评价不一，甚至在某些情况下，似乎还受到了惩罚。如果提出的项目建议没有被认真对待，甚至无法按照建议去实施，这将引发一种愤世嫉俗的心态。此外，如果领导者认为自己已经"经历过、做过"，但结果却毫无成效，那么在未来推动变革将变得更加困难。

设计特定流派的项目时，应该首先考虑什么

一旦你明确了哪个流派或流派的组合更适合你的需求，你就可以继续考虑其他影响项目设计的因素。在这里，我们总结了本书前面章节中提到的相关信息。关于在哪里找到更多信息，请参阅表54。

表54 使用行动学习时需要考虑的关键信息查询

协同设计行动学习的关键考虑因素	在哪里找到更多的信息
行动学习是否适合你？哪个流派更符合你的目标和组织需求或文化？	
行动学习是否适合你？	第1章第28~29页
哪个流派更加适合？	第1章第30~33页
需要考虑的重构问题	
在项目中，高层领导者愿意并能够扮演什么角色？高层领导者对项目及其战略任务持何种看法？	第2章40~44页
正确的焦点是什么，即个人发展与组织变革的结合？	第2章第45~46页
个人与组织如何影响项目的选择？	第2章第52~56页（团队项目）
	第2章第63页
你会使用催化师吗？催化师的作用是什么？在哪里以及如何找到或培养他们？	第2章第46页，第4章
需要考虑的其他关键设计问题	
参与者是哪些人？	第2章第46~49页
如何获得发起人的支持？	第2章第50~52页，第3章第83~86页
项目将持续多长时间？参与者的会议频率是多少？面对面会议与虚拟会议应如何结合？	第2章第56~63页
确保项目成功的策略是什么？	第3章
"P"和"Q"应如何结合？	第2章第63~64页
需要考虑的组织问题	
参与者和组织应如何为项目做好准备？	第2章第67~69页
	第3章第86~89页

续表

协同设计行动学习的关键考虑因素	在哪里找到更多的信息
如何实现项目与人力资源系统及组织其他系统的协同和整合？	第 2 章第 69~72 页
对项目成功或失败影响最大的因素是什么？	第 3 章第 107~109 页
组织中有多少个项目？如何在组织内推广这些项目？	第 2 章第 72~74 页
如何检测进度和评估项目的成功？	第 5 章

高层领导者的支持和战略任务

高层领导者如何看待项目的战略任务？他们准备在支持这项任务中扮演什么样的角色？对于这些问题的回答将有助于获得、确保并维持高层领导者对项目的支持。经验表明，如果领导者不持开放的学习心态对待参与者的新想法和建议，那么最好不要启动项目。此外，如果领导者对参与者提出的方案和思路不感兴趣，参与者的动力将受到削弱。参与者的直接上级也应允许他们有时间投入项目中。

如果战略任务的目标是变革，无论是愿景变革、目标变革、战略变革、文化变革还是领导者自身的变革，组织都需要评估领导者对深刻和根本性变革的接受程度。事务性目标，尤其是那些涉及日常管理、组织实践、氛围、报酬等方面，并且需要跨业务单元协作的变革目标，可能会带来挑战，甚至令人不安。

你设计的项目可能并不涵盖整个组织。你的影响范围和所合作的业务负责人可能会使得项目的战略任务仅涉及业务的一小部分。随着你的工作级别提高，就越有可能让整个组织的业务负责人参与进来，也越有可能找到跨越组织界限的战略项目。

个人发展和组织变革的结合

什么是正确的焦点？或者说，个人发展与组织变革应如何恰当结合？这个问题的回答应该贯穿整个战略任务。你的战略任务是培养后备力量吗？是定位和强化高潜力经理人的能力吗？是提升现有人员的知识和技能，以便他们更好地应用到工作中吗？如果是这样，你感兴趣的可能是个人发展。

但如果你与组织的高层领导者合作，你可能会更广泛地关注组织变革或个人与组织发展的结合。你的任务是培养能够创造突破性变化的领导者，或者让他们在产品/服务上更具创新性吗？你希望通过改变工作流程和做法来提高经营业绩吗？你希望领导者参与方向的设定，认同执行战略的新方式吗？你希望参与者主动征求客户意见并将其反馈给高层领导者吗？如果是这样，你关注的很可能是组织变革，当然这些变革依赖于参与者个人的创新思维和行动。

也许你对两个焦点的结合感兴趣，或者只对其中一个感兴趣。如果你主要关注个人发展，而对项目产生的变革不感兴趣，你可能会减少项目与组织的联系，为个人创造一个相对安全的环境，让他们从项目中学习。但你仍然希望高层领导者能够对项目建议做出回应，这些领导者需要一些培训，以便了解如何发挥发起人的作用及承担人才发展的角色。基于组织领导者会对团队汇报做出判断的假定，你可能会在整个项目周期内安排几次报告和讨论会，以提供经常性的反馈。

如果你关注的是组织变革，你也可以为个人目标的完成留出时间，以实现人才发展的目的。康格和本杰明在研究许多组织的项目时发现，"在理想情况下，项目的选择应该既能发展人才，又能解决企业的当务之急"。如果重点是组织变革和人才发展，你就应该通过向高层领导者汇报项目和战略变革机会，使项目得到更多关注。而培养成功所需的技能，则可以通过咨询、影响力和变革管理技能等互动方式来实现。

项目选择

不同的个人发展与组织变革的结合方式将影响项目的性质。在任何情况下，项目对参与者都应具有意义，并应限制在可采取行动的范围内。如果项目较为复杂，且其解决需要跨越组织边界，那么组织变革类项目的效果最佳。由于担任领导职务的人可能不认同提出的解决方案，参与者将有机会接触组织内多个部门的工作。这种经历将有助于推动他们扩大自己的影响力范围。

无论选择哪个流派，如果选择团队项目，都应受到高层领导者偏好的影响，并符合项目的战略任务。康格和本杰明发现，发起人希望项目"与企业的当务之急有直接联系"。参与者则重视他们"被赋予发动一场有意义的变革或新冒险的主要责任"的经历。

许多适用于团队项目的标准同样适用于个人项目。参与者可以提出自己的问题，但在选择时，应与他们进行讨论，并帮助他们挑选出具有一定灵活性且与战略任务相符的问题。问题可以是复杂的，但也应在可采取行动的范围内。为了帮助组织找到最有效的个人项目，参与者应与上级领导讨论他们想选择的项目，选择那些既能得到团队成员的挑战，又能得到他们的支持并能够采取行动的问题。

行动学习催化师选择

是否需要使用行动学习催化师？催化师的作用是什么？在哪里找到他们？如何培养他们？协同设计者应尽早考虑这些问题，因为如果决定使用，就必须招募、选拔、培训催化师，并支付他们的薪酬。行动学习小组即使没有催化师的帮助也能进行学习。然而，催化师能够加速或加深团队的学习，因为他们为团队动力带来新的视角。与所有顾问一样，催化师能够指出他们观察到的现象，这些现象可能在没有催化师的情况下会被忽略。催化师会增加项目的成本，但不使用催化师可能会带来更大的代价，特别是在组织首次引入项目时。

无论选择哪个流派，行动学习项目都会与由讲师主导的培训项目有所不同。现实是核心，但现实往往是不可预测的。理解不可预测的事情及其影响，以及学习是如何发生的，这些都会使参与者更加投入。从真实项目中学习时，难免会遇到一些困难，经验丰富的催化师能够预见这些矛盾，帮助理解和准备应对。如果成本是一个考虑因素，可以考虑培养内部能力，尽管这需要时间，但参与者在团队中的自我催化和自我管理技能最终会得到提升。

在选择行动学习流派时，你对组织及其文化的考量也将帮助你考虑项目所需的催化师类型。正如第4章所讨论的，催化师的工作及其所需能力不仅要与所选流派相符，还要与组织和项目参与者的需求相匹配。

无论选择哪个流派，选择催化师时常会遇到一个问题：是聘请外部催化师，还是培养组织内部的人才？这个选择需要考虑成本和现有的专业知识。了解组织文化的内部催化师可能难以畅所欲言，或影响他们提出挑战性问题；而外部催化师可能发现内部人士看不到的问题，但可能对组织和业务环境了解不足。在任何情况下，催化师可能都需要明确的角色定位和技能要求，以帮助他们有效地发挥作用。如果使用内部催化师，当他们与团队成员不熟悉时，他们可以发挥类似外部催化师的作用，因为他们可以自由地提出挑战性问题，从不同角度审视问题。

还需要考虑什么

一旦这些基本问题得到确定，你还需考虑哪些设计决策？你需要自问：

- 谁是参与者？
- 如何确保项目导师与自己同舟共济？
- 项目将持续多久？参与者多久会面一次？参与者需要完成个人学习目标吗？面对面学习与虚拟学习应如何结合？
- 在设计中，"P"和"Q"应如何得到恰当的组合？

参与者

项目的战略任务会影响参与者的选择和层级。在选择项目参与者时，你可能会利用现有的机制来识别、追踪和发展参与者的领导力。你可能会邀请领导者提名参与者，并请高层领导者代表他们发出邀请函。

你还需要帮助参与者选择项目团队。虽然你可能会简单地将他们分配到各个团队，但在美国和欧洲，当参与者有权自行选择加入哪个团队时，他们的主动性会更强。团队的多样性对于项目的成功至关重要。当团队成员在年龄、性别、教育背景和功能等方面存在差异时，他们能够学到更多，并且更具创造力。如果团队成员背景相同，他们可能更倾向于深入研究，但不太可能提出挑战团队假设并激发新观点的问题。如果团队中包括项目专家，其他成员可能会犹豫发表自己的观点，这同样会减少学习和创新的机会。

与项目导师同舟共济

如何与项目导师同舟共济？发起人是问题的"提出者"，与参与者共同致力于完成团队项目。在个人项目中，项目导师的作用可能不那么明显，因为个人是项目的提出者，团队成员的直接上级相比于发起人，通常会提供更多的支持。

理想的团队项目导师可以通过亲自参与行动学习项目来理解他的角色。如果这不可能，潜在的项目导师可以在项目启动时，通过角色介绍、与催化师建立合同以及专门设计的工作坊等形式来接触行动学习。发起人发现，如果角色和职责能够事先明确，他们的参与将更加容易，这对实现目标很有帮助。

项目导师的角色会因项目设计的不同而有所差异，但我们呼吁所有项目导师都要支持项目，充当参与者与组织中其他领导者和管理者的桥梁，确保组织的承诺和资源得到保障。即使项目导师已经具备了前期项目的经验，在发挥其在行为和行动上的示范作用方面通常也需要帮助，尤其是当项目设计旨在给组织带来文化和做法的变革时。

项目长度和会议

项目应该持续多长时间？参与者多久见一次面？面对面学习和虚拟学

习应如何结合？行动学习项目的长度因情况而异，主要考虑的是完成项目并从中学习所需的时间。如果项目较为复杂，或涉及多种类型的调查和行动循环，项目时间会更长；如果目标既包括完成项目，又包括实现个人学习目标，时间就需要在这两者之间平衡。项目时间还必须包括"P"学习内容的学习和即时学习会议的时间。在安排时，可以选择在较短时间内进行1~2次集中的面对面会议，或者在较长时间内安排多次会议。

最常见的是"三明治"式设计，即两次项目工作之间夹着较短的常规会议，而这些项目工作与日常工作并行。本书介绍的项目通常是在2~6个月内举行3~6次面对面会议，所有与战略任务/目标相关的项目团队成员都要参加这些会议，每次会议之间的间隔为3~6周。

项目团队成员经常在研讨会间隙安排额外的会议。尽管不同项目的时间总量和间隔各异，但为了保持连续性，团队需要定期开会。如果团队会面频率随项目进展降至每月一次以下，他们可能会失去动力和相互间的信任。

在研讨会间隙，项目团队越来越多地采用在线会议来完成部分工作和学习。鉴于实际和虚拟团队社区的形成，在举行旨在建立信任和团队融合的面对面会议之前，项目团队就可以开始投入时间来完成任务。一旦建立了信任和团队融合，如第3章所讨论的策略大部分也可以应用于虚拟会议中。

在与其他项目团队进行面对面会议的间隙，项目团队越来越多地通过虚拟方式开展工作——通过电话和视频会议或基于网络的互动等。VNU的开拓项目就是一个很好的例子。行动学习项目不仅帮助他们完成项目目标，也是一个学习如何进行虚拟工作的好方式。

行动学习的目的既包括解决问题，也包括个人和组织的发展。要同时实现这两个目标，就需要投入时间和资源。因此，与普通培训相比，行动学习项目通常需要更长的时间。然而，行动学习与传统的、以专家为基础的学习或技能培养类学习不同。

成功的策略和"P"学习内容

成功的策略包括那些能够协同设计元素的策略，这些策略确保项目与组织需求最匹配的流派相一致。例如，帮助项目参与者更好地理解项目的期望和目标，以及明确他们的角色和职责。这些策略既是一个在完成项目的同时培养技能的过程，也是一个创造学习环境进行个人发展或重构问题，以促进企业变革的过程。

我们已经分享了一些来自自己和他人的经验和策略。好的策略有多种来源。与"Q"学习概念相关的策略，源自行动科学的实践和系统思维的研究。

项目的长度取决于"Q"学习或技能培养的选择策略，以及你想加入多少"P"学习内容，这个决策又由战略任务、技能培养的类型和期望的学习成果所驱动。"P"学习内容基于已经编纂的知识和专长，与发现、问题驱动和质疑性见解（"Q"）不同。参与者可能需要一些信息来重构或执行项目；领导者可能需要时间来讨论组织的战略和业务问题；技能培养的需求可能需要基于评估的、自我发展式的研讨会，例如关于MBTI领导和沟通风格、学习风格或情商的研讨会，组织可能希望培养每个人的技能，以便采用统一的做法来开会或管理项目，这些都可以通过共享性的培训会议来实现。

一个警告：在项目中加入"P"学习内容可能非常诱人，因为这些课程容易控制和解释。但行动学习的核心在于有机会进行深入的提问和通过过程经历实现自主学习。通过互动可以使学习最大化，如团队内的挑战与支持、围绕组织和标杆信息收集的对话、共同探讨解决挑战性问题的方法等。

因此，日程安排需要足够开放和灵活，以便人们可以设定自己的学习议程和路径。即使一些需求，如管理会议的技能、团队领导力、冲突管理、咨询技能或表达技能是可以预见的,不同项目团队在学习如何发生这个问题上也各有差异。行动学习认为,最好等待人们有学习动机时,帮助他们寻求和获取那些"即时性"的知识或技能。

最后,并非所有学习都必须在面对面的环境中发生,尤其是在当今时代,只要参与者熟悉网络,就有无数的在线资源可供利用。参与者可以通过互联网、内网搜索、定位在线专家资源,或通过混合学习方法,来找到他们所需的资源。

组织还要考虑什么问题

项目设计完成后,组织还需要考虑以下问题:

- 如何使参与者和组织为项目做好准备?
- 如何实现项目与人力资源及其他组织系统的协同和整合?
- 哪些因素最有可能影响项目的成功或失败?
- 应该开展多少个项目?
- 如何在整个组织中推广这项干预措施?
- 如何检测进度和评估项目的成功?

准备与协同

如何为项目做好参与者和组织方面的准备?如何将项目与人力资源及组织其他系统协同整合?哪些因素对成功或失败影响最大?

一旦战略任务和目标确定、设计过程完成、参与者选定、发起人与项目导师确定,项目准备就绪,你就需要进行项目的最后准备。这可能包括与受项目影响的参与者、管理者和其他领导者的合作,以及与人力资源和其他组织系统的对接。

参与者需要将自己的工作与项目、项目导师和行动学习催化师联系起来。行动学习具有体验性、实时性和高度可视性的特点,这种学习方式与以往的结构化学习和用于发展的干预措施不同，它涉及到用新的方式与同事、领导、下属和发起人互动。在某些行动学习设计中，成员可能希望催化师支持学习而非为团队工作提供催化，这可能与其他任务团队中的角色有所区别。管理者和同事可能需要认可行动学习项目带来的额外工作和参与者期望的新行为。领导者和组织可能需要管理对达成特定项目目标的期望，特别是当期望组织变革成为重要产出之一时。

在参与者加入项目前，结合书面沟通、一对一会议和团队会议可以帮助每个人做好准备。通过向管理者通报情况，可以沟通可得到的支持、确定责任的优先级，并将一些工作作为发展机会委派给下属。许多组织会在项目开始前召开介绍会，启动项目，介绍会涵盖项目的概述和体验，这有助于每个人明确将经历的整个过程及自己的新角色。

最后，确保项目与其他人力资源系统和实际做法保持一致且同步，如与人才管理和组织发展相衔接。还需考虑组织中其他人面临的影响成功或失败的因素，特别是当行动学习项目旨在超越现有边界进行人才发展和支持组织变革时。

设计行动学习项目时需要考虑的另一点是，它是独立于其他发展项目，还是作为其他发展计划的一部分。例如，如果发展项目正陆续推出以支持特定战略或组织变革，行动学习项目应与这些项目相联系。这样，项目自然与变革计划的重点相连。行动学习旨在培养对学习过程的重视以及完成任务的能力。我们还成功地将行动学习的结构性对话应用于其他开发计划中，以便在追求工作目标的同时进行反思性实践，这一点在第3章已介绍。

项目推广

有多少个项目？你如何在整个组织内逐步推广这一复杂的干预措施？行动学习项目既可作为临时的干预手段，而在那些已习惯采用行动学习的组织中，它更多被视作一种长期的发展策略。当问题浮现，特别是当某项倡议启动时，一组核心且有针对性的参与者能迅速启动行动学习项目，完成战略任务并达成预期成果，这很可能在短期内激发更多人的参与热情，促使他们在各种工作场景下运用行动学习这一工具。然而，全面的项目意味着完成它们需要较长时间，且这类项目通常旨在实现可交付的成果及行为的转变，这既需要时间，又往往会在组织的各个层面产生深远影响。

若行动学习被定位为一种反复应用的干预手段，那么为高层领导者设计一个体验环节以支持项目，并作为推广计划的起点，将是极为有益的。在组织推广的初期阶段，优先启动一个试点项目尤为重要，特别是当项目涉及组织变革时。根据每个项目的具体时长制订计划，需要充分考虑项目的交付周期，这一周期既要符合组织的承受能力，也要确保你能够给予充分支持。

检测与评估

如何检查进度并评估项目是否成功？从一开始，你就应确立成功指标，并收集基础数据以跟踪整个过程中的变化。收集和分析数据的方法多种多样，关键在于你要预先设想出所期望的各种变化，以便捕捉干预带来的成果。随后，你需要确定衡量当前状态的方法，从而能将变化后的状态与基准状态进行对比。此外，还应设定定量和定性的指标，这些指标将辅助你检查干预是否按预期进行及其可能产生的结果。在项目过程中，这些指标可用于及时调整项目方向。

建立学习干预与变化之间的直接联系颇具挑战性。但你可以通过收集数据，来构建学习干预与行动学习可能产生的阶段性成果之间的联系。接着，将这些变化与它们可能带来的长远影响相关联，形成变化阶梯，进而描绘出行动学习干预所引发的完整影响路径图。随着行动学习的进一步推广，这些收集到的数据可用于监测和调整行动方案，并跟踪变化的轨迹。

我们打算以对我们从工作中汲取的经验以及在撰写这本书过程中所获得的领悟的一些反思作为结尾。第一，共同设计一个行动学习项目时，最困难的部分是什么？第二，这个设计过程中潜在的重要方面又是什么？第三，这项工作中最容易的部分是什么？第四，最大的乐趣和回报是什么？

通常，协同设计中最困难的部分是获得高层领导者的支持，并确保这种支持是显而易见和持续的。并非所有项目都需要CEO的支持，但确实需要组织中关键高管的支持。这种支持需要明确，以便关键高管了解他们所承诺的内容。

同样重要的是，招募和培养合适的发起人。因为他们是组织与行动学习参与者之间的直接联系人，他们的行动和态度可能影响项目的进展，并肯定影响团队的体验。即使发起人不太合适或没有充分投入，团队也可以从项目导师那里获得学习，但团队应对这种挑战及由此产生的学习可能并不是项目预期的成果。

最容易的部分是什么？如果从一开始，所有相关的利益相关者都参与进来，你可能能够解决任何问题和"噪声"，并取得成功。

最后，最大的乐趣和回报来自于与参与者在个人学习目标上的共同努力。我们帮助行动学习参与者在工作和生活上发生了巨大的变化——这是行动学习的重要组成部分，甚至可以说是全部。

理论附录

身体会衰老,但学习却可以帮助我们的头脑持续成长。

——莫里·爱德尔

开卷有益。

——孔子

本附录旨在提供前面章节中所讨论的一些议题的补充知识。其所提供的专家和作者的信息和观点,对于那些希望深入了解行动学习背后理论的读者会有一定的帮助作用。我们首先来深入讨论一下行动学习流派的比较(见表55)。

表55 行动学习流派的比较

流派	绩效流派	科学流派	经验流派	批判性反思流派
理论	附带学习	α、β、γ、L=P+Q	从经验中学习	通过批判性反思学习
实践者	达特里奇、诺埃尔、蒂奇	瑞文斯	麦吉尔、贝蒂、芒福德	马席克、奥尼尔、瑞林
催化师的角色		(1)	√	√
反思		√	√	√
小组/团队	√	√	√	√
基于实际工作的项目/问题	√	√	√	√
关注团队流程	√	(2)	√	√
洞察性提问		√	√	√
"P"知识或教学	√	(3)	√	√
即时学习		√	√	√
个人问题		√	√	(4)
团队问题/项目	√		√	√

(1)瑞文斯说:"在团队初期,存在一个称为'编外人员'或'团队顾问'的角色,他协助大约五名成员在这一人为的冒险活动中稳定下来,并鼓励他们依据简单明了的程序,在定期会议中分享经验。"
(2)瑞文斯明确指出,行动学习不是"群队动力学",但也强调了参与者需要参与到"团队的集体流程"中。
(3)瑞文斯说:"……这并不意味着行动学习排除了所有正规教学;它只是要识别出哪些教学是必需的,但仅有教学是远远不够的……"
(4)参与者可以负责个人项目,但通常情况下是组织项目或团队项目。

行动学习的流派

绩效流派

在绩效流派中，行动学习的重点主要放在行动和项目成果上。绩效流派的特点在于，它假定当精选的参与者共同努力，参与团队建设，并接收到来自组织内外专家的信息时，学习便会自然产生。参与者不会过分关注"学习是如何发生的"，这让学习主要是隐性的，并且是附带产生的。

在行动学习项目中，所有非"P"学习内容都具有非正式学习的特点（见图8）。绩效流派与其他流派的不同之处在于，它不特别强调学习过程。尽管项目本身是一个计划性活动，但由于缺少对学习规划的关注，它似乎把所有学习都视为附带产生的。

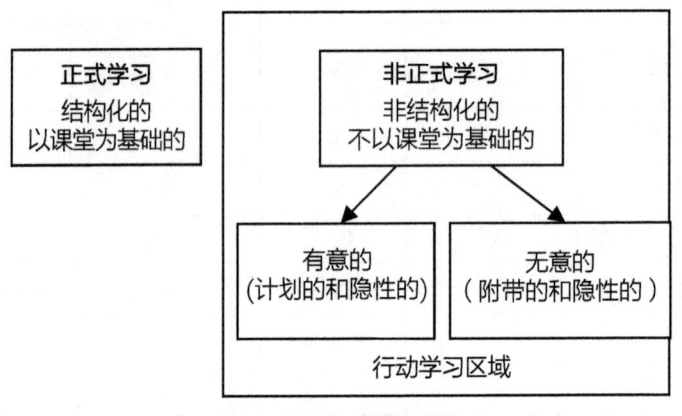

```
┌──────────────┐    ┌──────────────┐
│   正式学习    │    │   非正式学习  │
│   结构化的    │    │  非结构化的   │
│ 以课堂为基础的│    │不以课堂为基础的│
└──────────────┘    └──────┬───────┘
                           │
                    ┌──────┴──────┐
                    ▼             ▼
            ┌───────────┐  ┌───────────┐
            │   有意的   │  │   无意的  │
            │(计划的和隐性的)│ │(附带的和隐性的)│
            └───────────┘  └───────────┘
            └──────── 行动学习区域 ────────┘
```

图8　正式和非正式学习

非正式学习和附带学习都被视为在正式结构、有组织的课堂活动之外的学习形式……附带学习是未经计划或有意安排的，而非正式学习则是经过计划或有意安排的。附带学习总是隐性的，而非正式学习可能是隐性或显性的，这种学习的成功往往取决于个人能否恰当地提出问题。

绩效流派的重点是项目，而在经验流派和批判性反思流派中，行动和反思在团队会议中占有同等重要的位置，因此这两个流派强调了学习的益处。

从绩效流派的行动学习项目中获得的好处包括增强团队精神、明确业务策略、提升领导力，以及产生对项目有价值的新想法（项目对业务具有重要意义）。参与者可能会感到他们学到了很多，这一点可以从参与绩效流派项目的成员的话中得到证明。他们结束了为期四周的项目，感觉到："这不是一场游戏。完全陌生的人被分成六个团队，去解决真实的组织问题……在这个过程中，我们的团队变成了真正的团队。"

另一个增强行动学习小组中附带性学习方面的因素是项目的人员配置模式。这些项目融入了商业顾问、商学院学者以及多种反馈工具，以促进"P"学习。尽管有学者提及了行动学习催化师的角色，但他们所描绘的角色是在项目的不同阶段与个人和团队会面，并负责组织团队建设活动。绩效流派主导的项目往往不设置催化师，其他工作人员也不直接介入帮助行动学习小组进行学习。

尽管没有明确指向学习，附带性学习仍有可能发生，但要使其成为一种系统行为，参与者需要具备"将注意力转向这些伴随产生的信息，并清晰地洞察其价值"的能力。"在任务中通过试错学习伴随着风险。当全身心投入行动，忙于应对各种需求与挑战时，管理者可能无暇进行深入的反思。"绩效流派着重于通过实践来学习。"实践"固然是学习的重要基石，但可能尚显不足。整个流程还需要包含反思、理论化以及从经验中提炼真知的过程。

科学流派

科学流派源于瑞文斯早期的研究和理论。他将这些理论归类为"实现管理目标的方法"，并命名为 α、β 和 γ 系统。鉴于他早期身为物理学家的学术背景，这些系统均建立在科学方法的基础之上。

α 系统指的是管理者在面临决策时必须进行的战略策划。瑞文斯提出，在决策过程中有三个关键要素：管理者的内在价值观系统、影响决策的外部因素、管理者所处的内部系统。α 系统强调了这三个方面在战略决策中的结构性相互作用。

β系统关注策划、决策和实施，与α系统的第一步有所重叠。瑞文斯还将β系统称为SHEAR，具体包括：

- 调查（Survey）：确定α系统所需的数据。
- 假设（Hypothesis）：试验决策阶段，从中选定α系统的备选设计方案之一。
- 实验（Experiment）：行动阶段，实施试验决策。
- 审核（Audit）：审核阶段，比较观察到的结果与预期结果。
- 回顾（Review）：控制阶段，根据结论采取适当行动。

瑞文斯从科学方法中提炼出了这个系统，并将β系统的步骤与学习流程视为一致——"识别、初步接受、练习、核实和确认"。

γ系统涉及管理者的心理倾向。管理者持续地对他期望发生的事情与实际发生的事情进行检验和反思。"只有当管理者能够识别出他最初预期的情况与经验所揭示的实际情况之间的差异，并且只有当他能够据此调整自己的观点时，我们才能说这位管理者正在学习。"

提问是学习发生的主要途径之一。这一概念催生了瑞文斯行动学习理论的第二部分，即L=P+Q［L代表学习（learning），P代表程序化知识（programmed knowledge），Q代表洞察性提问（questioning insight）］。Q被描述为"有辨别力的提问"和"令人耳目一新的提问"，人们通过它们质疑自己的直接经验、"直觉、灵感和洞察"。瑞文斯认为，真正的学习是"Q"和"P"的结合。"P"代表程序化知识，即"专业知识、书本知识以及那些我们被告知应该去做的事情（因为几十年来大家一直都是这么做的）"。在行动学习中，学习不仅仅是寻找答案，更关键的是提出恰当的问题。瑞文斯主张，对任何问题的初步提问应该是：

我们要做什么？

什么阻止了我们这样做？

我们可以做些什么？

由于行动学习是在未知、风险和混沌的环境中提出问题，瑞文斯在项目初期设置了行动学习催化师这一角色，"以帮助团队通过有序的讨论建立起初步的、值得信赖的凝聚力；这种加速团队自我整合的催化剂必须努力使团队尽快实现独立……"瑞文斯坚信，行动学习小组应通过提问解决问题的过程，迅速达到能够提出创新性和非传统问题的水平，因此，在这一流派中，催化师的作用是有限的。

经验流派

许多行动学习的支持者将库伯的经验学习圈作为理论基础。库伯提出这一方法，旨在便于理解并最大限度地从经历和体验中学习。库伯的经验学习圈包含四个步骤：第一步是学习者的经历和体验，按顺时针方向，接下来是学习者对这些经历和体验的反思，第三步是学习者从反思中提炼出的新思想和概念，第四步是学习者将这些新观念应用于实践，从而产生新的体验，形成一个循环。

学习得以发生，是因为有机会在他人支持下反思经历和体验，并采取后续行动。这意味着参与者的目标是从经历和体验中学习并发生改变，而不是简单地重复旧有模式。行动学习使学习能够在库伯学习圈的每个阶段发生。

经验流派因其目的性而与其他从经历和体验中学习的方式区别开来，强调"附带的和非正式的"学习，通过行动和反思进行学习。固定的团队成员在较长时间内完成授权的正式任务，并对学习过程和成果进行明确讨论，这增强了学习的动机。行动学习项目旨在培养人们学会如何学习的能力。在每次会议中安排时间进行学习回顾（内容不仅包括问题和项目本身，还包括参与者学到了什么），坚持完成学习日志、个人发展计划和学习协议，通过这些方式，行动学习帮助人们掌握了如何学习。

经验流派的许多支持者也认同瑞文斯的 $L=P+Q$ 公式。一些支持者甚至进一步发展了瑞文斯的原始公式。因为行动学习不仅要求提出建议，还要求采取行动,英格利斯(Inglis)提出了L=P+Q+I的公式,其中"I"代表实施(implementation)。芒福德(Mumford)认为存在多次"Q"的机会。

最有效的学习往往源自解决管理问题[Q(1)]的需求,这会带来相关的知识(P),进而激发进一步确定管理问题[Q(2)]。因此,修订后的公式为:

$$Q(1)+P+Q(2)=L$$

在经验流派中,行动学习催化师在整个项目周期中对行动学习小组至关重要,就像在科学流派中一样,尤其是在团队组建初期。普遍认为,催化师应该努力将自己的技能传授给团队,并在某些情况下,使团队能在没有他们的情况下正常运作。催化师的作用包括促进团队进程和学习。这与传统的管理课程培训师不同,催化师不是传授知识,而是提供环境和条件,让管理者能从项目和自身进行自我学习。在与团队合作时,催化师主要通过提问来发挥价值和作用,以示范质疑性洞察。

反思对于确保通过真实的项目体验进行学习也非常关键,这个真实项目必须是明确和有计划的,而不是随意和敷衍的。

> 工作中的大多数学习机会通常不会以这种方式启动或确定方向。它们往往以非结构化和无计划的方式出现……它们是……非正式的和附带的学习,通常只有部分是可理解和有效的。

批判性反思流派

尽管许多批判性反思流派的实践者明确提到了库伯,但他们也认为行动学习需要超越经验流派所说的反思特性,区分寻找问题根源与解决问题的过程。麦基罗(Mezirow)将这种隐藏在思维背后的"反思"称为"批判性反思"。培养批判性反思作为明确目标,是批判性反思流派与经验流派的主要区别。

在批判性反思中,人们意识到自己的观点可能存在缺陷,因为这些观点已经被过滤，而过滤器是未经批判地接受来自家庭、学校和社会的意见、信念、态度和情感。这种有缺陷的观点常常扭曲了对问题和情况的理解。投入时间进行反思的力量非常强大，这使得批判性反思如虎添翼，因为它关注的是问题的根本原因。

批判性反思流派的实践者以不同方式描述了批判性思维的过程和成果。韦恩斯坦（Weinstein）讨论了参与者审视他们长期信仰的东西和价值观，他们如何实现改变与进步，以及他们如何更深刻地理解自己的观点。她认为，当这种反思发生时，对于那些不愿意改变现有思维框架、状态和信念的人来说，这个过程可能会感到不安。

瑞林和马席克提到让真实问题显现出来，仔细审查这些问题——允许参与者质疑他们行为的动机，挑战规则，并从多个角度审视问题；而迪尔沃思（Dilworth）和威利斯（Willis）则讨论了提出创新性问题以"解冻"基本假设和建立新的心智模式。行动学习中的批判性反思不仅可以超越参与者个人的基本假设，还可能引发对整个组织规则的审视。由于参与者采取了行动并对行动进行了反思，他们会重新表述、重构和转化所提交的项目/问题，从而将隐藏在行动和批判性反思背后的误解、规则和期望暴露出来。

在批判性反思流派中，行动学习催化师扮演着至关重要的角色。由于催化师不是团队成员，并且通常来自企业外部，他们能够自由地从局外人的角度提出问题。催化师帮助团队学习以下内容：

- 如何为项目/问题构建框架、重构项目/问题，提供另一种框架视角，因为复杂问题很少像我们最初看到的那样。
- 如何识别、澄清和检验参与者对项目/问题的个人见解和理论。
- 如何反思项目/问题是如何在形成、检验和解决过程中发展的。

该流派认为，任何催化师都不会向团队引入问题或陷阱。首先，如果没有催化师与团队合作，"团队的全部注意力可能会过于集中在问题的解决上"。其次，存在失去学习维度的风险，团队可能仅成为一个纯粹的项目团队。"尽管'做中学'这一概念在理论上很容易理解，但高管可能要么认为它过于简单，认为人们可以不依赖外界帮助就从经历和体验中学习；要么认为它过于复杂，以至于难以在组织内推广实施。"

所有流派

如表55所示，行动学习的四个流派有许多共同点，同时也存在差异。共同点包括：参与者通常以团队形式会面，团队成员数量一般在4~6名之间。正是在这些团队的协作过程中，"逆境中的盟友"或"机会中的伙伴"能够极大地提升同伴学习的效率。

每个流派中，团队所处理的项目或问题都源自实际工作，项目的选择对于行动学习项目的成功至关重要。四个流派的另一个共同点是对团队过程的重视。然而，如表55所示，关于应该给予行动学习小组一起工作的过程多少重视，瑞文斯并没有给出明确的描述。

经验流派和批判性反思流派的参与者对团队流程的关注更为明确，他们强调的流程包括沟通、冲突处理、建立共识和领导力。他们认为，团队需要有效协作，才能共同学习，而催化师的作用是帮助团队建立有效的流程。绩效流派同样认为团队流程在行动学习项目中至关重要，但这些流程主要是通过特定的团队建设活动和结构化反馈的过程中形成的。这些活动使行动学习小组能够更高效地协同工作，完成项目。

四个流派的共同点之一是对在行动学习中提供相关"P"学习内容的认可。不同之处在于，如何以及何时提供这些程序化知识。科学流派认为，除了对行动学习基本概念和术语的介绍，所有的"P"学习内容应作为即时学习提供，一旦参与者确定了对知识和内容的需求，就应立即提供。经验和批判性反思流派同意即时学习的理念，但也认为某些课堂学习通常是必要的，如关于行动学习流程和群队动力学的信息，这些应该嵌入到项目中。而绩效流派则认为，"P"学习内容可以预先确定，并且这些知识大多应在项目开始时提供，先于解决问题团队的组建。

行动学习基础——成人学习理论

行动学习是在成人学习理论的多种不同方法和概念框架中产生的，这些方法和概念框架对行动学习的发展和实践产生了影响，如图9所示。

绩效流派的实践者并没有特别提及理论基础，但他们在文章中表达的内容似乎反映了社会和情境学习领域理论家的思想。这些理论也构成了实践社区学术研究的基础。维果茨基（Vygotsky）的"最近发展区理论"，虽然以儿童为讨论对象，但对该流派中所指的学习的隐性特性也有所影响。维果茨基认为，学习的一个重要特点是，它唤醒了一系列内部发展过程，而这些过程只有当个人与环境中的人互动、与同伴合作时才能发挥作用。

莱夫（Lave）的情境学习理论以维果茨基的理论为前提，似乎也反映了绩效流派的一些基本假设。例如，莱夫认为，知识需要在真实的情境中呈现，学习需要社会性的互动和协作，情境学习通常是无意识的。

有意识地在经历和体验中学习的概念，对科学流派、经验流派和批判性反思流派产生了影响。杜威（Dewey）是首位探讨学习和经验之间联系的教育家，他提出："新理念建立在这样一个观点之上：实际经验与教育过程之间存在着密切且必要的联系。"然而，他并不认为所有经验都具有教育意义。某些经验可能是误导性的，导致发展停滞或对未来经验的扭曲成长。因此，杜威认为教育者需要评估经验，以确保培养有利于持续成长和对个体深入理解的态度。必须考虑两个要素——互动和环境。"连续性与互动的结合，为衡量经验的教育意义和价值提供了标准。"

行动学习项目设计

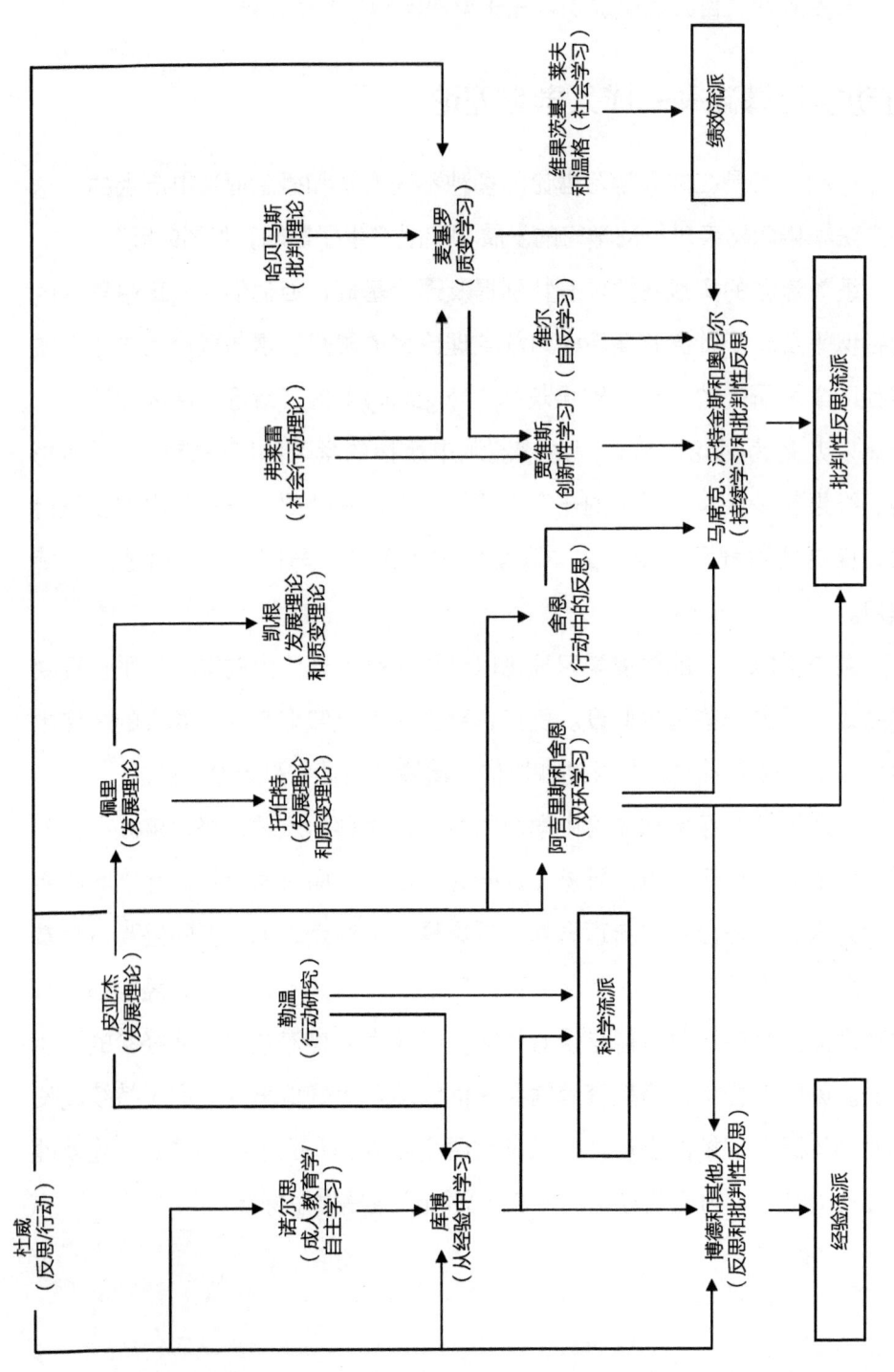

图9 行动学习的成人学习理论基础

（流派）
- 绩效流派
- 批判性反思流派
- 科学流派
- 经验流派

（理论家及其理论）
- 杜威（反思/行动）
- 皮亚杰（发展理论）
- 佩里（发展理论）
- 凯根（发展理论和质变理论）
- 托伯特（发展理论和质变理论）
- 勒温（行动研究）
- 诺尔思（成人教育学/自主学习）
- 库博（从经验中学习）
- 博德和其他人（反思和批判性反思）
- 阿吉里斯和舍恩（双环学习）
- 舍恩（行动中的反思）
- 弗莱雷（社会行动理论）
- 哈贝马斯（批判理论）
- 麦基罗（质变学习）
- 贾维斯（创新性学习）
- 维尔（自反学习）
- 马席克、沃特金斯和奥尼尔（持续学习和批判性反思）
- 维果茨基、莱夫和温格（社会学习）

杜威也是最早探讨学习与反思之间关系的教育家之一。

> 当我们遭遇某事时，我们便对其做出反应，我们与之互动，然后我们承受或经历其结果……
>
> 当一项活动持续进行并产生结果时，当行动所产生的变化反作用于我们自身的变化时，单纯的变化就具有了意义。我们因此学到了知识。

他认为，"反思性思维"或"反思性活动"是一种极具理性和控制力的活动。反思能够遏制即刻的冲动行为，协助个体构建更为全面和连贯的计划。真正的反思仅在更为明显的行动之后进行，其目的是整理从行动中获得的成果。

> 反思是对已做之事的回顾，旨在提炼出最深层的意义，这些意义是智慧地应对未来经验的精神资本。它是智力组织的精髓，也是训练有素心智的核心。

杜威为行动与反思相结合的学习方法提供了理论依据。他开始将学习描述为一种循环模式——意识到问题，获得灵感，尝试解决方案，体验结果，并与先前的观念进行对照，以确认或否定。

受杜威思想的启发，库伯（Kolb）将这一理论付诸实践。在库伯学习圈中，从经历和体验中学习的理论得到了充分体现。库伯认为，学习是一个由四种活动组成的循环过程：具体的经历和体验、观察和反思、形成抽象概念和理论、在新情境下的应用和检验。他将杜威对学习的初步构想发展成一个具体的过程/循环。这是一个对学习的全面集成化视角，意味着学习可以从学习圈的任何环节开始，并持续循环。

库伯指出，尽管存在挑战，但为了充分从经历和体验中学习，学习者必须完整地经历整个循环圈。他认为，学习是一个全面适应性过程，涵盖了思想、情感、感知和行为。这一过程是将经历和体验转化为知识，需要个人与环境之间的互动——个人的隐性知识与外部显性知识之间的循环转换。

一些行动学习实践者将库伯的学习圈与行动学习联系起来。波舍姆（Botham）认同库伯的观点，即学习者必须完整地经历循环圈，并强调认知、情感和行为的全面参与。他认为，确保这种参与的最佳途径是创造一个学习环境，让学习者至少能完成一次库伯学习圈的循环。芒福德（Mumford）将学习过程描述为内部的学习循环和外部的任务循环，并指出这两个循环在行动学习项目中都是必需的。

库伯提到，除了杜威的影响，他还吸收了勒温（Lewin）和皮亚杰（Piaget）的思想。"这三个传统思想的共同点在于强调学习的自主性和目的性，以实现自我发展，这是教育的指导原则。"从皮亚杰那里，库伯形成了学习过程的观点，认为学习是经验同化与概念适应经验之间的辩证关系，并吸收了皮亚杰在认识论上的思想。库伯的学习观点也反映了诺尔斯（Knowles）的理念，诺尔斯提出了成人教育学和自主学习的概念。

尽管瑞文斯为行动学习创造了自己的基本理论，即 α、β、γ 系统，但他一些行动学习著作中也体现了库伯的思想。

> 行动学习项目的设计应利用管理者的特点，要求每位参与者认真审视自己的过去经历和体验；无论是有意安排的活动，还是在其他地方进行的项目（具体经历和体验）……他的下一步行动……这些都应该与同伴进行讨论，他需要不断检视（观察和反思）自己对经历的初步想法……他将不断地寻求解释（抽象概念的形成）为什么建议采取这样的行动……每位参与者迟早都会遇到困境（测试新概念和理论的结果和影响）……

基于这种相似性，以及许多支持瑞文斯的理论家对库伯思想的讨论，我们在库伯及其前辈的观点中发现了科学流派的理论基础。特别值得注意的是勒温的研究。库伯的研究接近于行动科学，是基于勒温的研究。瑞文斯的科学方法继承了勒温的行动科学方法。

除了前述学者，博德（Boud）、基奥（Keough）和沃克（Walker）的观点也强调了从经历和体验中进行的有意识学习——学习者意识到他们在学习，学习是体验式的，不仅限于课堂内的教学，学习具有具体的目标。关于从经历和体验中学习，这些作者提出了五个观点：

观点1：经历和体验是学习的基础，用于激发学习。

观点2：学习者应积极地构建他们的经验。

观点3：学习是一个整体过程。

观点4：学习是在一个社会和文化环境中不断构建的过程。

观点5：学习会受到社会环境和情绪状态的影响。

与杜威一样，博德、基奥和沃克也认为，并非所有经历和体验都具有教育价值。他们讨论了从经历和体验中学习可能遇到的障碍，这些障碍是"那些抑制或阻止学习者准备体验、积极参与，以及理性反思并从中学习的因素"。

"反思包含了一系列过程，学习者在其中致力于重温、关注和重新评估自己的经历和体验，致力于将经历转化为学习。"博德、基奥和沃克认为，与库伯模型相比，他们更强调反思的重要性。他们的反思过程包括三个要素：重新进入经历、加入感受和重新评估经历。他们认为杜威的反思主要是认知方面的，而他们强调感受的作用，这正是他们的观点与杜威反思的区别所在。反思本身不是目的，而是帮助学习者为新的经历和体验做好准备的手段。没有行动，反思就失去了意义。"行动暂时结束了反思过程。"基于对反思及其在学习中作用的讨论，我们可以认为，包括库伯及其前辈在内的这些理论家的理论研究，对行动学习经验流派的实践者产生了影响。

正如批判性反思流派一样，博德、基奥和沃克对反思进行了概念化——质疑和挑战假设、价值观和讨论的框架。他们指出，在反思过程中，学习者的心智模式作为体验的过滤器，可能会限制学习的深度。学习者需要批判性地意识到，他们对这个世界的假设是如何以及为什么对其思维方式形成限制的。进行反思的学习者通常会采用一种"深入的"学习方法。他们还提到，受到哈贝马斯（Habermas）、麦基罗（Mezirow）和阿吉里斯（Argyris）等学者研究的影响，所有影响批判性思维和质变学习的学者，在影响经验流派的同时，也对批判性反思流派产生了影响。

许多学者通过对批判性思维和质变学习的研究，也对批判性反思流派产生了影响。我们将讨论其中对该流派实践者最具影响力的理论家。

对批判性反思流派实践者产生影响的两位学者是威廉·托伯特（William Torbert）和罗伯特·凯根（Robert Kegan），他们的理论都建立在皮亚杰和威廉·佩里（William Perry）的成人认知发展理论研究基础之上。皮亚杰基于知识的积极建构（这种建构提升了思维方式的复杂性），划分了青少年的发展阶段，包括：（1）感知运动阶段；（2）前运算阶段；（3）具体运算阶段；（4）形式运算阶段。每个阶段都代表了思维方式的日益复杂化。皮亚杰的理念对后来的认知发展理论学家产生了深远影响，包括哈佛大学研究大学生发展的教授和辅导员威廉·佩里。与皮亚杰类似，佩里研究的重点在于"新的自我意识、环境对自我的影响以及新兴的自我意识与外界环境影响之间的复杂平衡过程"。佩里和他的同事提出了认知发展的九个等级，这些等级是递增的，从二元论、多样性、相对性，直至最终对相对性的承诺。佩里"选择使用等级（position）这个词而非阶段（stage）……因为等级不带有持续时间的假设"。

托伯特借鉴了皮亚杰和佩里的研究成果，但他特别强调了人格发展，这一点受到了洛威格（Loevinger）研究成果的影响。通过研究管理者/领导者的发展，托伯特建立了一个包含八个发展阶段的理论，这成为质变学习理论的基础。他的理论基于洛威格对自我发展阶段理论的早期研究。洛威格提出，人们从出生到成年会经历十个阶段，每个新阶段都以前一个阶段为基础，只有完成了当前阶段的发展，个人才会进入下一阶段。托伯特的阶段描述了管理者如何看待世界和自身，包括他们的意识焦点、理解世界的框架以及行为特征。这八个阶段详见表56。

表56 托伯特的发展阶段

阶　　段	人格发展等级
1. 冲动型	冲动主导本能
2. 机会主义者	需求主导冲动
3. 外交家	规范主导需求
4. 技术专家	工艺逻辑主导规范
5. 成就者	系统效率主导工艺逻辑
6. 战略家	自我修正原则主导系统
7. 魔术师/小丑	流程（原则/行动的相互作用）主导原则
8. 讽刺家	系统间发展主导流程

发展的前四个阶段构成了一个转变序列，通过这个序列，人们得以成长和发展。每个阶段都有其内在的一致性逻辑，并与客观现实相联系。每个新阶段都在推翻前一阶段的假设，并使个人从构建和统治现实的角色中转变出来，在更广泛的现实中承担新的角色。尽管发生了转变，但在前四个阶段，个人对于自我的内在一致性既不会有转变的想法，也不会有实际的转变。直到第五阶段，即成就者阶段，管理者/领导者开始意识到转变的能力。在第六阶段，即战略家阶段，人们开始不再将现行的社会系统结构视为理所当然，并对规范（最好的、公正的）结构应该是什么产生兴趣。战略家阶段标志着明确的质变学习开始。

在战略家阶段，人们意识到，包括自己在内的所有框架都是相对的。正是这种认识，使得战略家阶段与成就者阶段不同，他们对于在特定情境下重构自己的观点和目的持开放态度，也愿意帮助他人进行重构，并自觉寻求和选择新的框架（这些新框架能够包容差异、矛盾和多框架的不确定性）。

在更高的发展阶段（魔术师和讽刺家），自我挑战和转变的动力自然产生。我们可以得出结论，个体在这三个更高阶段都涉及了质变学习。

凯根的发展理论虽然与托伯特的不同，但也支持质变学习理论和批判性反思流派。凯根的理论不仅借鉴了皮亚杰和佩里的认知发展理论，还基于埃里克森的心理动力学理论和劳伦斯·柯尔伯格（Lawrence Kohlberg）的道德发展理论。

凯根的理论描述了个体意义创造的形式、意识的转变、这些过程中的内部经历，以及环境在这一活动中的作用。他认为，"人类是意义的创造者，他们在整个生命周期中都在探索意识转变的内外部轮廓"。凯根视转变为不断发展的过程——始终是渐进的、日益复杂的。详见表57。

表57　凯根的转化层级

底层结构	意识的秩序
单点/即时	第一阶
持久类别	第二阶
跨类别	第三阶
系统/复杂	第四阶
跨系统	第五阶

虽然意识的第一阶主要关注自我，但个人经历的第一次转变是能够识别自我之外的事物的；意识到现象具有自己的属性，这些属性属于一类或一组具有持久性和连续性的规则元素；创建了类别成员的概念，并为这些成员建立了规范。凯根所说的第二阶或"持久类别"意味着，当我们认识到自己需要某些东西，并愿意通过谈判来获得它们时，这将在我们的行动中体现出来。这也反映在为了追求个人需求而牺牲他人的行为上，但这种努力只有在不会被看到或发现的情况下才会发生。接下来的发展步骤是意识的第三阶，个人开始通过尊重人际关系的推理过程来构建意义。他们的身份取决于他们认为别人如何看待自己。个人的价值观和规范已经内化，并根据他们相信他人对自己的期望来表现。凯根将这个新的、更高级别的原则称为"跨类别"认知。价值观、理想和广泛信念的构建需要精神组织的跨类别原则，因此正是在这个级别上，个人开始运用反思性思维。

凯根认为，要在后现代社会中发挥作用，需要第四阶的意识。在这个级别上，个人不再根据他人如何看待我们或他人希望我们成为什么样子来发展自我。我们能够听到他人的期望，但会与这些期望保持距离，以便做出自己的判断。这个过程似乎需要更强的自我反思能力。凯根说，第五阶意识需要批判性反思。第五阶使个人能够看到事物之间的系统联系。正如托伯特所说的，在凯根的理论中，达到更高阶发展水平的个人，即处于意识的第四和第五阶的个人，似乎能够参与质变学习。

弗莱雷（Freire）和哈贝马斯（Habermas）的研究对许多探讨质变学习的学者产生了影响。弗莱雷是一位成人教育工作者，他的成人教育研究基于自己的觉悟启蒙（conscientization）理论。在弗莱雷的理论中，意识分为四个层次，最高层次是觉悟启蒙——个人学会"觉察社会、政治和经济矛盾，并针对现实的压力因素采取行动"的过程。在这个意识层次上，个人能够从事"实践"——行动和对行动的批判性反思——这些活动相结合能够引发质变学习。

哈贝马斯提到了知识产生的三个领域：技术领域、实践或沟通领域，以及解放思想、行为、情绪束缚的领域。沟通性行动和学习——学会理解他人的意思并使自己被理解——可以通过合理的对话实现。正如我们接下来将详细阐述的，哈贝马斯认为，只要具备理性对话的最佳条件，成人就能够进行批判性反思，从而有能力进行质变学习。

麦基罗的质变学习理论基于杜威、弗莱雷和哈贝马斯等人的研究。他将质变学习定义为：

> 一个通过批判性自我反思进行学习的过程，这个过程涉及对意义视角的重构，使人在理解个人经历时能够拥有更具包容性、鉴别性和综合性的理解。同时，学习还包括将这些见解转化为行动。

为了深入理解麦基罗的质变学习理论，检视其过程至关重要。对麦基罗而言，学习分为两种类型：工具性学习与交际性学习。工具性学习发生在我们专注于任务导向的问题解决时，即学习如何执行任务或操作。在工具性学习中，我们对内容或指导问题解决的程序性假设进行反思，并能够利用经验证据或共识来验证这些基本假设的正确性。

尽管麦基罗认为质变学习可能在这两种学习类型中发生，但他特别强调了通过理性对话进行的交际性学习（communicative learning）。麦基罗指出，我们通过所谓的意义视角和意义计划来理解自己的所有经验。意义视角是文化假设的结构，新经验在此结构中被吸收。这些假设是一整套习惯性反应，它们作为知觉和概念代码，形成并限制了我们的思维、信念和感受。

意义计划是意义视角的延伸，构成了我们解释经验的隐性和习惯性规则。它们由具体知识、信念和塑造我们特定解释的价值判断构成。意义视角和意义计划共同构成了我们学习的认知框架。我们通过全盘吸收父母和社会的意义视角和计划，形成了我们感知现实的方式。正是由于这种不经批判的吸收，为了促进质变学习的发生，我们可能需要在交际性学习中质疑和挑战我们的计划和视角。

在交际性学习中，我们需要进行另一种反思，即理解他人的价值观、理想、情感以及对自由、正义、爱和民主等概念的看法。通过批判性反思，我们开始质疑和挑战构成我们意义视角和计划的假设、价值观和认知框架。当我们有意识地利用批判性反思来提升我们的意义计划和视角时，就必须投身于麦基罗和哈贝马斯所提倡的理性对话。这种对话形式是"通过批判性地审查证据、论点和不同观点，来评估支持竞争性表述的理由"，在这种交流中，我们需要依赖那些在当时看来能够评估论点、检验证据并达成最佳共识的可靠、客观和合理的人。由于我们都受限于自己的意义视角，通过这种类型的话语交流，我们才能测试其有效性。通过麦基罗理论的核心概念，即批判性自我反思和理性对话，视角的转变得以实现。

质变学习使我们批判性地意识到自己的假设如何以及为何限制了我们感知、理解和感受世界的方式；我们重塑这些假设，允许更具包容性、鉴别性、渗透性和综合性的视角，并根据这些新的认识做出决策或采取行动。如果成年人能够做出选择，这些将是更高级别的视角，因为成年人更有动力去深入理解自己经历的意义。麦基罗讨论了如何鼓励和支持批判性反思和质变学习。教育应该是"以学习者为中心、参与式和互动式的，包括团队讨论和团队解决问题"。他对质变学习中催化师的描述与批判性反思流派对催化师的看法非常相似。

> 教育者应成为催化者和启发者，而非权威人物……要向学习者展示批判性反思的作用……催化者的工作与权威人物不同……她要将领导权交给团队……

正如之前讨论的学者一样，贾维斯（Jarvis）认为学习始于经历和体验。他还指出，经历本身只是学习的潜在基础，如果没有一个过程来赋予这些经历和体验意义，那么这些经历本身是没有意义的。贾维斯认为，反思是从经历中创造学习的不可或缺的部分。

> 由于各种原因——可能是因为预期的结果没有通过行动实现——无论是监控还是反思都可能导致情况变得复杂化。在这一点上，反思的过程开始了，它启动了学习的过程。

贾维斯提出了九种可能从经验中产生学习的路径。当其中一条路径引发批判性意识的反思，即"经验的多元化解释"时，可能会打破既定的思维模式，并产生贾维斯所说的创新性学习。他将这种学习与弗莱雷的真正反思、麦基罗的质变学习以及阿吉里斯和舍恩（Schon）的双环学习进行了比较。双环学习探索了潜在的价值观、假设和信念，这些是我们行动背后的目标、意图和意义的基础。单环学习是指在行动未达到预期结果时进行的简单策略变化。当问题的诊断非常准确时，单环学习是有价值的。但如果情况并非如此，就需要双环学习来准确理解问题的根本原因。单环和双环的概念源自控制论，表明对一个问题的解决方案可能需要一个超越自我强化循环的双循环，这是问题定义的一部分。

维尔（Vaill）描述了学习的七个特质或模式，其中一些与质变学习的概念相似。反思学习的定义与质变学习相近，它涉及对理念、模式和假设的认识，使个人能够对自己的学习进行反思。维尔将反思学习与阿吉里斯的双环学习进行了比较。

他还描述了表现型学习（expressive learning）为"从做事情的过程中学习"，并将在线学习描述为"发生在工作和生活中的学习过程，而非在人为制造的、受保护的环境中"。对维尔而言，行动学习是一种新型的学习系统，它既具有表现学习的特点，也具有在线学习的特性。

舍恩描述了专业人士在日常工作中通过反思行动所经历的质变学习。

> 当一名实践者对其实践进行深入与外延的反思时，他反思的可能对象与他所面对的各种现象以及他所运用的实践中的知识体系一样丰富多样。他或许会反思那些构成判断基础的内在规范与评价，或者内嵌于行为模式中的策略与理论。他或许会反思那种引导他采取特定行动路线的情境感知，或者反思他在界定自己试图解决的问题时的方式……

当出现与预期大相径庭的结果时，专业人士会进行行动的反思，不论是正面还是负面的结果。在这种反思中，重点应放在那些出人意料的结果、产生这些结果的行动、实践者最初所持有的假设上。

当专业实践者在行动中进行反思时，他便成为实践情境中的研究者。在进行实验的过程中，实践者会对所处的情境及行为背后隐含的先前理解进行深入反思。在此过程中，思考与行动不必分离；实施就是探究的一部分。实验的成果是一套针对特定情境的新理论，实践者将其整合进对实践的理解之中。

阿吉里斯和舍恩提倡的行动科学，强调了批判性反思的重要性：

> 行为科学是对社会实践的深入探究……对那些希望为实践提供知识的人而言……知识应当包含与经验相悖的命题……同时，这些命题的实践者应在现实生活环境中对这些命题进行再次检验……作为重要的理论，其目标是激发实践者的批判性反思，使他们能够更自由地选择是否以及如何调整自己的行为和做法。

与舍恩所讨论的实践者的"惊喜"相似，当一个人在互动中遇到意料之外的结果时，他可以采用不同的方法来应对这种困境。"实践的主流认识侧重于手段–目的的合理性。未能实现预期目的会促使人们重新审视手段，并寻找更有效的途径。"这是改变解决问题策略的单环学习。

实践的行动科学认识论强调了框架或问题的设定，以及手段–目的推理或问题解决的重要性。如果未能达到预期的后果……这将导致对原有框架和问题设定的深入反思。这种质疑可能会改变个人的假设和信念，以及/或者对组织规范及其相关战略和假设的重构。这种方法被称为"双环学习"。

沃特金斯（Watkins）和马席克发现，质变学习需要通过批判性反思来实现，他们用一个持续学习模型来阐述这一点，该模型基于杜威讨论的问题解决的第一循环以及阿吉里斯和舍恩的行动科学思想。

持续学习模型（见图10）由内外两个同心圆组成。圆的中心是日常所面临的挑战。内圆代表了问题解决循环的基本步骤——识别问题、研究替代方案、产生解决方案、规划后续行动。通过反思问题的本质和解决问题的过程，可以实现一定程度的学习，阿吉里斯和舍恩将此称为单环学习。模型的外圆则代表了更深层次的学习，这种学习通过批判性地反思一个人的理解和信念背后的假设来实现。该循环包括对每一步假设的显现和验证——解释背景、在行动中反思和对行动进行反思、评估预期和非预期的结果、构建/重构经验。

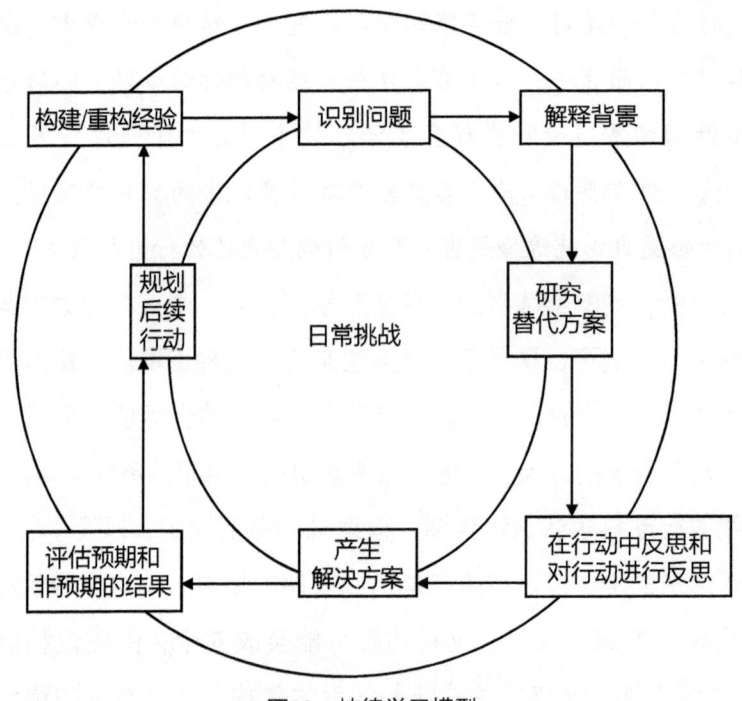

图10　持续学习模型

奥尼尔和马席克认为行动学习以多种方式促进了批判性反思。他们的描述属于批判性反思流派，在这个流派中，项目团队由来自不同背景的成员组成，以便他们能够相互提出一些通常不会被问及的问题。催化师"创造一种氛围，鼓励定期暂停行动进行对话、批判和反思，帮助学习者挖掘他们的观点和行为背后的深层原因"。催化师通过提供工具和方法来支持和鼓励批判性反思，而行动学习本身则鼓励通过实践来检验个人和集体的信念、预感和解决方案。

百年基业

GENE100

行动学习核心产品

项目类
- LDAL领导力圆桌会行动学习项目
- LDAL领导力群策会行动学习项目
- BDAL业务圆桌会行动学习项目
- BDAL业务群策会行动学习项目

认证类
- ISFAL国际行动学习催化师认证项目——MP多课题认证
- ISFAL国际行动学习催化师认证项目——SP单课题认证
- ISFAL国际行动学习催化师认证项目——项目设计认证

工作坊类
- 业务群策群力工作坊
- 行动学习圆桌会工作坊
- 业务复盘工作坊
- 战略共创工作坊
- 团队协作工作坊

20年持续专精行动学习实践研究，资质过硬
百年基业成立于2005年，持续推动行动学习实践、研究与创新20年。撰写和翻译了行动学习及引导丛书共计17本之多，为中国企业行动学习的推广做出了突出贡献。

联合全球专家建立专业生态联盟，资源过硬
百年基业联合国际行动学习协会（ISFAL）4大洲5个国家行动学习顶尖资深专家，同时联合中国权威专业培训平台《培训》杂志社，致力于培养具有国际水准的中国企业行动学习专业人才，推动实践者的国内外交流，创新行动学习在组织发展和人才发展领域的应用。

专业团队经验丰富，授课老师功力深厚，师资过硬
百年基业拥有多位15年以上行动学习实操经验的催化师，所有核心催化师均获得行动学习国际认证。

项目口碑好，转化率高，效果过硬
百年基业成立以来成功与1000+行业头部企业合作，其中世界500强公司超过50+家，主要客户涉及银行、保险、汽车、高科技、互联网、多元化企业集团等行业。

百年基业
官方微信

勾老师
138-1013-7726

添加微信 索取 最新版完整产品手册

International Society For Action Learning
ISFAL国际行动学习协会

ISFAL由英国、美国、中国、澳大利亚、奥地利等国际资深行动学习专家共同发起成立。总部设在英国伦敦。旨在创新行动学习实践与理论研究，推动行动学习在全球的持续发展。

ISFAL首创行动学习认证双模式：单课题与多课题，培训后学员将获得国际认证，成为具有国际水准的行动学习专业人才。

欢迎登录ISFAL官网，查看往届峰会盛况。扫码公众号了解在中国开设的认证公开课详情。

ISFAL国际行动学习协会认证体系

- 国际首创小组单/多课题认证体系
- 高含金量，权威机构的国际认证
- 20年+经验大咖级老师倾囊相授
- 国际视野+国内实战案例双重加持

官网访问
ISFAL国际行动学习协会

公众号
ISFAL国际行动学习研究院

齐老师
185-1467-8677
认证报名请添加微信咨询

大师级行动学习催化师
Master Action Learning Facilitator
MALF

↑

资深行动学习催化师
Senior Action Learning Facilitator
SALF

↑

专业行动学习催化师-多课题
Professional Action Learning Facilitator
(Multi-Problem)
PALF - MP

\+

专业行动学习催化师-单课题
Professional Action Learning Facilitator
(Single Problem)
PALF - SP